AF561419

ESSAIS
DE
JURISPRUDENCE,

Sur toutes ſortes de Sujets, Queſtions de Droit Civil & Canonique, Points de Coutume & Matieres Eccléſiaſtiques.

Par Me HUERNE DE LA MOTHE, Avocat au Parlement.

TOME CINQUIÉME.

A PARIS,

Chez { SAILLANT, Libraire, rue Saint Jean de Beauvais.
DURAND, Libraire, rue du Foin.

M. DCC. LVIII.

Avec Approbation & Privilége du Roi.

TABLE DES CHAPITRES DE CE Ve VOLUME DES ESSAIS DE JURISPRUDENCE.

Fin de la Table des Chapitres.

AVIS
DE L'AUTEUR.

J'Avois borné le plan de mon travail aux ſeules matieres que je viens de traiter ; mais pluſieurs perſonnes auſquelles j'ai confié ces précédentes Parties, m'ont contraint à me livrer à donner des Clauſes Contractuelles l'eſprit & le ſens véritables que la Loi & la Juriſprudence nous en donnoient elles-mêmes. Sentant l'importance de ce travail, dont l'étendue m'auroit détourné de celui auquel je ſuis préſentement appliqué ! J'ai capitulé : & en me renfermant dans l'examen des principales clauſes que l'on exigeoit de moi ; j'ai mis à l'écart celles qui m'ont parû les moins intéreſſantes, en renvoyant le Lecteur aux Auteurs qui en avoient traité. Mais je préviens qu'en pénétrant cet eſprit des Loix, *je ne prétends rien déranger à l'économie ſage & prudente que la Juriſprudence a admis pour la ſureté, la légitimité & la validité de ces clauſes.*

Auſſi, comme cette Partie des Contrats de Mariages eſt une ſuite des matieres que je viens de traiter ; je prie le Lecteur de ne point séparer cette Partie des précédentes. C'est pour cela que je la fais envisager comme une quatriéme Partie des Clauses Contractuelles, dans l'examen desquelles la question du Douaire m'a insensiblement conduit.

ESSAIS DE JURISPRUDENCE,

SUR LA SUITE DES CLAUSES CONTRACTUELLES ENTRE CONJOINTS.

QATRIÉME PARTIE.

LES Clauſes contractuelles qui reſtent à examiner, n'exigent point la même étendue de diſcuſſion que j'ai été obligé de donner ſur le Douaire. Ce dernier eſt un tribut inhérent au mari, indépendemment de toute convention; & ce tribut a exigé de moi, le travail que j'ai entrepris.

Les autres Clauſes, au contraire, ſont des avantages qui dépendent de l'Acte conventionnel, & de la volonté des Parties contractantes. Je me ſerois même volontiers diſpenſé de traiter de ces Clauſes; ſi je n'avois apperçû qu'elles ſont, pour la plûpart, ou très-peu entendues; ou ſouvent & trop ſouvent l'origine des fraudes & des ſurpriſes que les Loix Romaines attribuent toujours à celui qui prend autorité; c'eſt-à-dire, aux maris; fraudes & ſurpriſes que j'ai commencé de développer dans ces premieres Parties de mes Eſſais de Juriſprudence, & que je vais continuer dans cette ſuite de Traité ſur les Clauſes contractuelles.

Les Clauſes contractuelles ſe diviſent en deux ſortes, que j'appellerai Clauſes ordinaires, & Clauſes extraordinaires. Les Clauſes ordinaires ſont les Clauſes de communauté & les Clauſes de préciput.

Les Clauſes extraordinaires ſont les donations & les avantages mutuels ou réciproques entre les conjoints, qui comprennent; ou l'uſufruit; ou la propriété; ou les donations & avantages de la part d'un des conjoints en faveur de l'autre.

Je ne prétends point entrer ici dans l'examen des Clauſes ordinaires. La Coutume fixe les droits de communauté. La convention les étend ou les diminue au gré des Contractans (*a*). Le préciput eſt un avantage mobilier qui dérive des objets de communauté; avantage toujours fixe, de peu de conſéquence, & ſouvent égal entre les conjoints. Je ne parle point encore des dons mobiles, ou autres avantages réglés par quelques Coutumes étrangéres aux nôtres.

(*a*) Voyez mon premier Volume de mes Eſſais de Juriſprudence, Séparat. de biens entre Conjoints, *pag.* 213 *&* *ſuiv.*

Nos Bibliotéques renferment à ce ſujet des Livres ſans nombre qui me paroiſſent s'appliquer à en fixer l'ordre & la Juriſprudence. Auſſi ſans rien entreprendre ſur cette matiere ; je conſeille d'avoir recours, ou à leur texte, ou à leur Commentaire.

En général, l'origine de ces Clauſes que j'appelle ordinaires, comme de celles que j'appelle extraordinaires, n'a rien de flatteur pour nos véritables mœurs, que l'antiquité nous reproduit dans nos Coutumes. Le partage de la femme ne conſiſtoit que dans ſon Douaire, ou dans ſa ſubſiſtance ; l'eſprit de cupidité étoit banni de toute union contractuelle. Ce plan de fortune ; cette idée de communauté faſtueuſe, étoient éloignés du cœur de l'homme. Chacun content de ſon état préſent, & travaillant de concert à la ſubſiſtance commune, ne tendoit qu'à l'avantage commun de de la société : aussi sommes-nous redevables de ces Clauses ordinaires au faste de Rome sous le joug des Loix de leurs Empereurs, & sous cette servitude où étoient les peres de doter leurs filles. Qui le croiroit cependant? Cette Rome eut en horreur par la suite ces donations, qui forment à présent le précieux avantage de nos unions contractuelles.

Rélativement aux dots, les Romains établirent une communauté : parce que le mari employant, constant le mariage, l'usufruit de ses biens & de ceux de sa femme au profit de la communauté; il devoit se faire un partage égal, entre le survivant des conjoints, & les héritiers du prédécédé, des objets de cette même communauté. Au contraire, les femmes de nos Anciens, entrant sans dot dans la communauté, n'avoient aucun lieu à ce partage; & le Douaire étant le prix de ſon engagement, elle n'avoit rien à eſpérer au-delà. D'ailleurs cette communauté n'avoit rien d'éblouiſſant pour un mari & une femme; le travail commun avoit pour unique objet la ſubſiſtance de l'un & de l'autre, de la famille, & l'avantage de la Nation.

Il n'en eſt pas de même du fonds d'une communauté dotale; le mari eſt le maître de la diſſiper. Quel état déplorable, ſi la femme peut être forcée à accepter cette communauté! N'ayant aucune autorité dans cette régie; il eût même été injuſte de l'admettre au payement des dettes qu'un mari auroit pû contracter ſans ſon conſentement, & preſque toujours à ſon inſçu: c'eſt pour cela auſſi que l'on a donné à la femme la faculté de l'accepter, ou d'y renoncer; & afin qu'elle pût avoir lieu de ſe déterminer à l'une ou à l'autre avec connoiſſance de cauſes, on a voulu qu'il fût fait inventaire à la mort du mari; c'eſt-à-dire un état qui conſtatât, les forces de la ſucceſſion du mari, & de la communauté, pour lui donner lieu de faire ſon option, avec prudence & avec conſeil. Le tems de quarante jours après l'inventaire, eſt celui de ſon mûr examen.

C'eſt de ces Loix Romaines que nous ſont venues ces mêmes Clauſes d'acceptation ou de répudiation de la communauté; parce que les peres donnoient des dots à leurs filles pour leur tenir lieu de ſucceſſion. La conſervation de ces dots m'a engagé à admettre différentes Clauſes en leur faveur, dont j'ai fait part au premier Volume de ces Eſſais de Juriſprudence *ſur la Séparation de biens entre conjoints.*

Cette même dot des femmes a donné lieu à la cupidité du

mari. L'exaction de cette dot en étoit le premier germe! Un arbre si fécond ne pouvoit manquer de produire une abondante récolte! Une très-mince portion de cette dot entroit dans la communauté; il en est de même de nos jours. Le mari est le maître, comme il l'est encore, de disposer de cette portion, sans le consentement de sa femme. Cette portion peut se perdre par la ruine de la communauté. On a donc voulu donner une légére consolation à la femme, en lui accordant la faculté de retirer sur la communauté, même en y renonçant, une portion mobiliaire convenue & arbitrée, que l'on appelle *préciput*. Cette portion a été adoptée en faveur de la femme, non à cause des objets d'une communauté incertaine; mais à titre de récompense de ce qu'elle avoit apporté dans la communauté. Le mari ne devoit avoir aucune espérance à cet égard, étant le maître de cette communauté ; mais la Jurisprudence ayant regardé ce *préciput* comme un avantage, l'a rendu réciproque ; afin de ne souffrir rien d'indirect en faveur des conjoints.

Le restant de la dot, ou la plus forte portion, n'est point à la disposition du mari ; il jouit seulement du revenu. C'est pour distinguer, & cet usage, & le droit de la communauté, que l'on a inventé le nom de *propres de communauté* ; c'est-à-dire, dot exclue de la communauté.

Autrefois cette dot n'avoit lieu qu'en immeubles ; & à ce titre elle étoit toujours propre de communauté. Celle qui faisoit partie de la communauté, consistoit en de purs présens mobiliers. Mais la fortune changeant de forme, à mesure du changement des mœurs, on inventa les fictions. Une fille dotée en immeubles, ſans apporter aucun mobilier, ne pouvoit rien mettre en communauté; auſſi, pour compoſer un mobilier de ce même immeuble, on inventa l'art de convertir une partie de l'immeuble en mobilier; & cette converſion fut appellée *ameubliſſement*. Une fille, au contraire, n'apportant pour dot que du mobilier, ne pouvoit ſe faire de ce mobilier un propre de communauté; auſſi, en ſa faveur, on a inventé l'art de convertir ce même mobilier en immobilier; & cette converſion fut appellée *propre fictif de communauté*.

Ces conventions ſont ſi peu l'effet de nos mœurs anciennes, que nos Coutumes n'en parlent pas; auſſi ſont-elles l'effet des Actes conventionnels, que nous appellons *Contrats de mariage*, qui, quoique nouveaux dans nos mœurs, remontent aux mœurs des Romains. Les Germains, plus ſimples & plus uniformes, ne nous en ont jamais donné d'exemples (*a*).

Cet arbre fécond de la cupidité des hommes, n'en eſt pas reſté à ces ſeuls fruits; malheureuſement trop cultivé, il en a produit de bien plus funeſtes. L'homme a fait ſuccéder à ceux-ci, & les donations mutuelles, qu'il a diſtingué des dons mutuels, & cette foule de donations, même en propriété, ou en avantage; qui, faiſant échouer la tendreſſe, forment du mariage un trafic & un commerce réels. C'eſt ce déſordre que j'attaque dans cette matiere que je propoſe ſur cette ſuite des Clauſes contractuelles.

(*a*) Telle étoit auſſi la maxime de nos Anciens Gaulois. Le Douaire même convenu, n'étoit aſſuré que par la déclaration que le mari en faiſoit devant le Prêtre & l'aſſemblée des Parens & Amis. *Voyez le troiſiéme Volume de mes Eſſais de Juriſprudence, page 284 & ſuiv.*

Malgré ce désordre évident ; je n'ai point dessein d'attaquer la Jurisprudence actuelle à ce sujet ; je prétends, au contraire, m'attacher à sa disposition, si fortement, que c'est elle qui me servira de flambeau pour découvrir combien elle-même est opposée aux maux que ces Actes nouveaux ne cessent de produire.

Il est d'un axiome général, que les Contrats de mariage sont susceptibles de toutes Clauses qui ne sont point contre les *bonnes mœurs*, ou contre les *Loix*. Mais a-t'on bien compris quelles sont les Clauses qui frappent les unes & les autres ? Suffit-il de ne rien faire de contraire aux bonnes mœurs, ou aux Loix, pour être à couvert de leurs critiques ? Ne sont-elles que prohibitives ? Ne sont-elles pas impératives ? Suffit-il de ne pas commettre des actes visiblement criminels, pour soutenir qu'on n'attaque point, ni la probité, ni la justice, ni l'équité, ni la Loi naturelle? Suffit-il de ne point se heurter contre la disposition des Coutumes? Ou peut-on aller, à son gré & à son caprice, au-delà du cercle étroit dans lequel ces Coutumes nous renferment? Suffit-il, enfin, de se croire permis ce qu'elle n'autorisent point, par la seule raison qu'elle ne renferment rien d'expressement contraire?

Mais a-t'on bien pésé l'étendue des clauses qui attaquent les Loix? Et croit-on être à l'abri de leurs reproches; parce qu'on se met à couvert de leurs peines, & qu'on a l'art de masquer de formalités, un complot formel d'attaquer l'esprit de leur disposition? C'est un tel objet qu'il est intéressant de développer dans l'acte le plus essentiel à la Société.

Pour réussir dans cet examen,

je crois qu'il eſt néceſſaire de diſtinguer ici la qualité du mari, & celle de la femme. Le mari eſt le chef; la femme n'eſt que compagne. Le mari eſt le maître de la communauté; la femme n'y a aucun droit. Le mari a autorité ſur la femme; la femme eſt ſoumiſe au mari. Dans ces circonſtances, les choſes ne ſont plus égales (*a*).

Qu'un mari procure à ſa femme tant d'avantages qu'il lui ſera poſſible, toujours dans une prudence de rapport aux textes des Coutumes, & à la diſpoſition des Loix; je penſe, avec fondement, qu'il ne peut trop lui en faire. Je m'explique.

La femme devient, par ſon union conjugale, *une* avec ſon mari. *L'un & l'autre ne ſont plus*

(*a*) Voyez le premier Volume de mes Eſſais de Juriſprudence, *p.* 1 *& ſuiv.* pour y découvrir en quoi conſiſtent ces qualités du mari & de la femme dans leur véritable nature.

qu'un, dit l'Ecriture ſainte. La femme participe à la nature du mari ; ce mari doit donc & avoir la même attention envers ſa femme, & lui procurer tous les avantages qu'il a droit de ſe procurer à lui-même.

La femme dépoſe, entre les bras de ſon mari, ſa liberté, ſa tendreſſe, ſes biens, & tout elle-même. Le mari devient le maître de cette femme, des objets de ſa communauté en toute proprité, & uſufruitier des objets propres de communauté. Enfin, la femme eſt le tréſor de l'Etat, du mari, & de ſa famille. Que de raiſons pour engager le mari à procurer à la femme tous les avantages qu'il lui doit ! Mais comme ces droits du mari ſur la femme, ont la Loi pour fondement ; les avantages que le mari doit procurer à la femme, doivent avoir ces mêmes Loix pour autorité ; & l'un & l'autre doivent prendre ces mêmes Loix pour garans de leurs droits.

Le mari ferme dans ses projets ; éclairé dans sa conduite ; fort dans ses conseils, n'est jamais censé avoir procuré des avantages à sa femme, que par le motif de mures réfléxions ; il auroit honte de l'attribuer, ce motif, à la séduction des charmes innocens d'une épouse sage & vertueuse. Les passions aveugles ne sont jamais censées être les arbitres de ses démarches. La maturité de l'âge que les Loix exigent du mari pour contacter l'union conjugale, & dont elles ne font pas une Loi si sévére à la femme, inspire en sa faveur une idée de gravité qui ne le peut faire soupçonner d'avoir livré son cœur à la licence de la jeunesse.

Cependant pour une *Eve*, presqu'innocemment séductrice, que d'*Adams* seducteurs par caractere! La cupidité de nos jours, qui forme la plûpart & même le nombre le plus considérable de nos malheureuses unions, nous force à renoncer à l'idée de ces prétendues séductions que les maris cherchent quelquefois à s'attribuer comme derniere ressource de leurs impuissantes raisons. S'il y en a de séduits, les exemples en sont si rares qu'ils ne peuvent nous être proposés pour modeles. Hélas! que les exemples n'en sont-ils plus fréquens! L'union, cette union si désirable ne seroit plus si rare.

Mais que ces avantages partent de la main d'une femme, en faveur d'un mari; quoique tolérés dans nos mœurs, ils me sont toujours suspects. En effet, ces avantages sont souvent l'ouvrage de l'ambition d'un pere ou d'une mere; presque toujours l'ouvrage de la séduction & de la surprise d'un mari; &

jamais l'ouvrage d'un amour tendre & délicat de ſa part, dont il ſe ſoucie fort peu de recueillir les précieux avantages.

L'expérience que j'oſe me flatter d'avoir dans l'examen des Contrats de mariage, me rend ces vérités démontrées. Que chacun s'examine de bonne foi, & qu'il oſe me condamner.

Les donations, comme *avantages*, ſont à la vérité plus communes dans nos Contrats de mariage, que les donations *réelles*. Je l'avoue! Ces donations *avantages* dépendent de l'événement de la ſurvie, & ne dépoſſédent jamais qu'à la mort. C'eſt dans ce point de vûe qu'elles ne forment pas un préjudice ſi conſidérable que celles qui ſont ſuivies du droit de propriété, autrement donations *réelles*. Mais ce tort, pour n'être pas ſi conſidérable, eſt toujours bien nuiſible à la Société, & au droit naturel du Citoyen.

Les donations *réelles* me découvrent toujours le fonds du cœur d'un mari, en faveur de qui elles sont faites. Je prie que l'on fasse attention que, communément, ces donations sont toujours au profit du mari, & rarement en faveur de la femme. L'art avec lequel ces donations sont amenées & préparées, me force à n'y point reconnoître le langage du cœur; mais celui de la surprise & de la séduction. L'exclusion de toute communauté, est la premiere clause; & bien-tôt suit celle d'une ample autorisation en faveur d'une femme, qui lui donne une faculté de disposer de tous ses biens; faculté si étendue, qu'elle fait gémir la décence & la force de la Loi. Suivez ces deux clauses; bien-tôt vous appercevrez que ces grandes faveurs que le mari accorde dans ce préambule, forment le tissu des liens dont cette femme devient la triste victime ; elle donne tous ses biens à son mari, au moyen de la faculté immense qu'il lui donne d'en disposer.

Que ces donations n'ayent que l'usufruit pour objet, dans ces unions sacrées! Qu'elles soient même entieres ces donations usufruitieres! Je louerois volontiers, par condescendance pour nos mœurs, cet amour tendre & sagement conseillé.

Mais les donations *réelles* frappent les Loix dans leur existence ; elles sont l'effet de la séduction, de la fraude, & de la surprise. On en verra par la suite de tristes preuves. Elles dépouillent l'héritier du sang, & la famille d'un des conjoints, de leurs droits naturels. Cet héritage, précieux ornement de nos peres, passe en mains étrangeres ; & cette femme, dépouillée de ses biens par ce Contrat de mariage, ge, eſt preſque toujours la premiere victime d'un mari qui n'attend plus rien d'elle, parce qu'il lui a tout enlevé. Auſſi de telles donations n'ont-elles en leur faveur que les formalités de la Juriſprudence, ſans avoir l'eſprit de la Loi.

Le mariage a pour objet, autant l'union des conjoints, que celle du citoyen, & des familles. Une donation qui rompt tout-à-coup cette harmonie ſacrée! qui détruit, dans ſon fondement, l'eſſence de ces unions! qui prive le ſang & la nature de ſes droits les plus ſaints! qui conduit des héritiers à une ruine certaine & inévitable! qui eſt la ſource des haines, des diviſions, des procès, des animoſités, & des querelles! qui ſépare, enfin, de ſa famille, cette femme donatrice; qui, au milieu de ſa nudité, triſte effet de ſa donation, va bien-tôt gémir, & de cette deſunion, & de l'ingratitude de son mari donataire. Je le demande; une donation susceptible de toutes ces malheureuses impressions, n'attaque-t'elle pas de front les *bonnes mœurs ?* Le mari criminel aura-t'il la force de se croire à l'abri de toute critique, parce qu'il aura fait servir les formalités à commettre une action si contraire à la *Loi* & aux *bonnes mœurs?* Disons plus, & ne cachons rien de la funeste perspective que me présentent les suites de ces donations. Le mari donataire aura-t'il le soin de faire produire, en faveur de la Nation, ces fruits précieux d'une fécondité qui détruiroit en un instant toutes ses espérances? ou s'il en produit dans les premiers instans de son union; n'aura-t'il pas l'art d'en régler le nombre, & de faire passer les jours de cette femme dans une malheureuse stérilité?

La cupidité, aidée d'un uſage nouveau, nous dérobe l'horreur de ces objets; ſuite naturelle que cette cupidité inſpire quand nous ſommes les objets de ces donations. Mais quand nous en ſommes les triſtes & malheureuſes victimes! Mais quand nous nous trouvons dépouillés de nos droits par ces donations indiſcrétes; le voile tombe, & ces affreux ravages de guerres inteſtines, que je reproche ici avec tant de fondement, paroiſſent à nos yeux, comme autant de monſtres qui s'oppoſent à notre tranquilité.

D'après ce triſte tableau; quel Conſeil aſſez peu reflêchi peut prêter la main à de telles donations? Quel Miniſtre public entreprendra de les admettre dans le tiſſu de l'Acte, ſans en faire auparavant ſentir les ſuites & les conſéquences?

Voyons à préſent ces ſortes de donations dans toute leur étendue ; & ne considérons ici que la faculté de les admettre dans une conformité parfaite aux *Loix* & aux *bonnes mœurs*.

ESSAIS
DE
JURISPRUDENCE,

Sur toutes sortes de Sujets, Questions de Droit Civil & Canonique, Points de Coutume & Matieres Ecclésiastiques.

Par Me HUERNE DE LA MOTHE,
Avocat au Parlement.

TOME CINQUIÉME.

A PARIS,

Chez { SAILLANT, Libraire, rue Saint Jean de Beauvais.
DURAND, Libraire, rue du Foin.

M. DCC. LVIII.

Avec Approbation & Privilége du Roi.

TABLE DES CHAPITRES DE CE Ve VOLUME DES ESSAIS DE JURISPRUDENCE.

Fin de la Table des Chapitres.

PLAN DE L'AUTEUR,

Sur la matiere qui donne lieu à cet Essai de Jurisprudence.

J'AI déja dit que je ne m'attachois qu'aux Clauses contractuelles, que j'ai appellé extraordinaires; pour les distinguer des Clauses de communauté & de préciput, que j'ai appellé ordinaires, dont les Auteurs ont assez parlé.

Je distingue ces Clauses extraordinaires en trois sortes; la premiere, se nomme don mutuel; la seconde, donation mutuelle; &, enfin, la troisiéme s'appelle, donation réelle.

La confusion entre ces sortes de Clauses générales & extraordinaires est énorme. C'est aussi cette confusion, à laquelle le silence de ces mêmes Auteurs a donné lieu, que je prétends développer.

Tout avantage eſt conſtamment une donation ; mais toute donation n'eſt conſtamment pas un avantage. Ces deux Actes, qui paroiſſent ſe reſſembler, ne tiennent en rien, ni de la nature, ni de la forme de l'une & de l'autre. Il eſt vrai que l'avantage a pour but de donner ; mais il ne donne pas conſtamment toujours. La donation au contraire donne toujours ; ſans cela même elle n'eſt plus donation.

Quand je mets au nombre des donations extraordinaires les dons mutuels ou les donations mutuelles, je n'entends pas les confondre avec les autres donations ; elles ſont licites, & même fort anciennes ; puiſque la Coutume les admet. Je prétends ſeulement développer la confuſion dont l'une & l'autre ſont couvertes dans nos mœurs.

La donation mutuelle accordée à la faculté des conjoints,

n'eſt plus ce qu'elle étoit au tems de la Coutume ; on a étendu cette faculté, de ſorte qu'elle eſt méconnoiſſable dans nos mœurs.

Nos Coutumes ſe ſont expliquées à ce ſujet, ſur-tout la Coutume de Paris, qui eſt celle que j'ai uniquement en vûe, en traitant de la donation mutuelle. Mais nous avons étendu cet article, & nous avons voulu nous rendre Légiſlateurs : pour cet effet, nous avons donné deux définitions à la donation mutuelle de la Coutume.

La faculté que la Coutume de Paris accorde aux conjoints, eſt ce qu'elle appelle *Donation mutuelle*, appellée parmi nous *Don mutuel* ; & celle dont nous faiſons uſage par forme d'extenſion, nous l'appellons *Donation mutuelle*.

CHAPITRE PREMIER.

Faculté de Donation mutuelle *accordée aux Conjoints par l'Article 280 de la Coutume de Paris.*

» HOMME & femme conjoints par mariage, étans en ſanté, peuvent & leur loiſt faire *donation mutuelle* l'un à l'autre *également* de tous leurs biens meubles & conquêts immeubles, faits *durant & conſtant leur mariage*, & qui ſont trouvés à eux *appartenir*, & être *communs* entr'eux *à l'heure du trépas* du *premier mourant* deſdits conjoints, pour en jouir par le ſurvivant d'iceux *ſa vie durant ſeulement*, &c.

Je me garde bien d'entreprendre ſur le travail d'autrui ; les Auteurs qui ont traité des Clauſes ordinaires des Contrats de mariage, ont auſſi traité de cet-

te

te donation mutuelle sous le titre de *Don mutuel*. On peut avoir recours à ce qu'ils en ont écrit, & suppléer à ce qu'ils ont obmis, les réfléxions dont je vais faire part.

SECTION PREMIERE.

Confusion des Auteurs, entre le Don mutuel & la Donation mutuelle.

» LE Don mutuel (nous di- » sent les Auteurs) est un » don réciproque entre mari & » femme, qui donne droit au » survivant de jouir, en usufruit » seulement, de la moitié des biens » de la communauté, telle qu'el- » le se trouve au moment de la » mort du prédécédé ».

Le don mutuel n'est autre chose que la donation mutuelle exprimée dans la Coutume de Paris! Pourquoi nous avoir défiguré la donation mutuelle, en don mutuel, pour nous rendre la donation mutuelle méconnoissable?

Cette donation mutuelle est la seule faculté que la Coutume accorde aux conjoints! Elle en exclut donc les autres; en les excluant, elle les prohibe ; en les prohibant, elle les rend illicites; comme illicites, elles ne peuvent être employées que contradictoirement aux bonnes mœurs & à la Loi; parce que la Coutume est la Loi constante & constitutive de la Nation.

Pour pénétrer plus avant dans l'explication de ces vérités, examinons la rélation de ce sentiment avec l'idée que nous devons nous former de ces termes, *bonnes mœurs*.

SECTION II.

De la définition des termes Bonnes Mœurs.

IL m'a toujours ſemblé que tous, en général, confondent aiſément la définition des termes *Bonnes Mœurs*, & l'ajuſtent à l'idée que le caprice leur fournit. Cette confuſion eſt autoriſée de ces Maîtres qui ont abandonné à chacun cette faculté, ſuivant ſa diſpoſition & le motif de ſon intérêt.

Les uns confondent ces termes, en faiſant d'eux une application au ſens moral; c'eſt-à-dire, que pourvû que les clauſes inſérées dans les Contrats de mariages, ne ſoient ni ridicules, ni indécentes, elles ſont toutes de nature à faire la matiere des Clauſes contractuelles.

Les autres confondent ces termes, en admettant, ou toutes clauſes qui ne ſeroient point contraires aux Coutumes qui régiſſent les Contractans & leurs biens; ou toutes clauſes dont la Coutume elle-même ne fait aucune mention.

Les uns & les autres me paroiſſent ſe tromper également. Les premiers, en ce que la Loi, par les termes de *Bonnes Mœurs*, n'a point défendu, ni le ridicule, ni l'indécence; ne pouvant ſuppoſer que de telles clauſes fuſſent entrées dans l'idée d'aucune Partie contractante. C'eſt dans les *Bonnes Mœurs*; c'eſt dans le plus avantageux à la Nation, que la Coutume a choiſi ce qui étoit le plus convenable aux membres de la Société qu'elle régit.

Les autres ſe trompent également, en ſuppoſant que l'on peut admettre indifféremment toutes clauſes qui ne ſont, ni contraires, ni interdites nommément par la Coutume qui renferme l'étendue des *Bonnes Mœurs* qui doivent fixer le plan des Clauſes contractuelles.

La Coutume eſt vraiment la Loi de la Nation, à laquelle il n'eſt permis à perſonne d'ajouter ou de diminuer, à moins de vouloir rendre un chacun Légiſlateur dans ſa propre cauſe. En ce cas, ce ſeroit le caprice d'un chacun qui dirigeroit ces prétendues mœurs ; en ce cas, auſſi, la Loi ne ſeroit plus qu'une vaine idole, impuiſſante, ſans effet, & ſans autorité.

Quand la Coutume donne au Citoyen une faculté ! Qu'elle l'exprime littéralement ! C'eſt qu'elle même a choiſi cette faculté comme la plus avantageuſe au Citoyen. Conſéquemment elle interdit toute autre faculté.

La Coutume n'a pas eu ſeulement en vûe, dans la faculté de la donation mutuelle qu'elle a uniquement renfermée dans le texte *de Bonnes Mœurs*, l'union des conjoints ; elle a eu en vûe les ſuites de cette union, & l'avantage de toute la Nation. On ſçait, & perſonne ne peut légitimement ignorer, avec quel empire la Coutume aſſujétiſſoit les immeubles, qu'elle appelle *héritages*, au corps de la famille, pour être à jamais entr'elle un objet de tradition ſucceſſif. Toute autre donation que la mutuelle eût enlevé à la diſpoſition de la Coutume ce droit ſi intéreſſant à ſes mœurs, & ſi avantageux à la Nation. Auſſi quand elle a donné aux conjoints la faculté de cette unique donation; elle a encore réduit cet avantage à l'uſufruit ſeulement ; afin que la famille, de part & d'autre, pût jouir du travail commun des conjoints. C'eſt ainſi que nos Coutumes ont toujours marché d'un pas égal pour mettre les mariages en honneur, & animer le Citoyen à en remplir exactement les devoirs. La Coutume a voulu récompenſer, dans le conjoint ſurvivant, & le travail commun, en lui accordant l'uſufruit du travail commun ; & faire jouir la famille du prédécédé, de la propriété de ce même travail commun ; & réunir les droits des uns & des autres dans le ſein de ces mêmes familles, ſans faire tort à aucune.

Sur ces principes, comment admettre, en faveur des conjoints, toute autre donation que celle que la Coutume a admis ? & ſe croire permis ce qu'elle n'a point permis ? Ce qu'elle n'a point admis, eſt une faculté qu'elle a regardé comme illicite ; & conſéquemment comme contraire aux *bonnes mœurs*. *Unius admiſſio*, dit cet axiome de droit, *eſt excluſio alterius*.

Si la Coutume qui renferme la régle immuable des *bonnes mœurs* qui doivent diriger la conduite du Citoyen, ne peut être violée jusques dans son silence même! Quelle sera donc la raison assez puissante pour nous convaincre que toutes les clauses qui ne sont point contre la disposition des Coutumes, sont admissibles comme conformes aux *bonnes mœurs*. Les mœurs cessent d'être *bonnes*, dès qu'elles n'ont aucunes régles qui les conduisent. Ce sont les mœurs du caprice d'un chacun, & non les mœurs de la Nation. Qu'elles existent ces mœurs capricieuses, dès qu'elles n'intéressent point la Nation! Mais on ne peut dire que le Contrat de mariage n'intéresse point la Nation; puisqu'il n'a en vûe que l'avantage de cette même Nation. C'est la Loi de la Nation, & non le caprice du Citoyen, qui en doit diriger les clauses. Concluons de ceci, que la faculté de la donation mutuelle est la ſeule faculté accordée aux conjoints ; & qu'ils ne peuvent paſſer outre, ſans rendre leur faculté empruntée contraire à la Coutume, & conſéquemment contraire aux *bonnes mœurs.*

On oppoſera, que la Coutume n'a point parlé des donations mutuelles faites par un Contrat de mariage ; mais ſeulement des donations mutuelles que les conjoints ſe font, ou peuvent ſe faire conſtant le mariage. Or, en ce ſens, on ne trouvera aucun uſage, aucune autorité, ni même aucune Juriſprudence qui ait donné une faculté plus étendue aux conjoints conſtant le mariage ; on trouvera, que toute faculté, autre que celle que la Coutume leur accorde, eſt un avantage prohibé par cette même Coutume, que ſa diſpoſition répudie. Mais un Contrat qui précéde le mariage, eſt un Acte conventionnel, libre, & ſuſceptible de ces facultés étendues que la Coutume ne peut permettre constant le mariage. Ce sentiment ne peut jamais être autorisé.

Je le prouve. Suivant ce sentiment, le Contrat de mariage est donc un Acte de vente & d'acquisition, tranchons le terme, auquel on peut admettre toutes les clauses qui peuvent être favorable, soit au vendeur, soit à l'acquereur. Est-ce bien dans notre France, si décente & si raisonnable? Est-ce bien dans notre France Chrétienne & éclairée, que l'on peut tenir un semblable raisonnement? Raisonnement qui a été en horreur chez toutes les Nations les plus barbares & les moins policées, relativement aux mœurs dont nous nous flattons.

Sans entrer ici dans l'examen des mœurs de ces Peuples barbares dont nous parlons; examen dont j'ai déja fait usage en quelques endroits du troisiéme Volume de mes Essais de Jurisprudence (*a*), & qui nous démontre combien étoient criminels à leurs yeux les mariages de trafic & d'intérêt ; contentons-nous de développer l'erreur dont nous sommes séduits, relativement aux Contrats de mariage.

L'Acte de mariage étant un Acte qui intéresse la Nation, ne peut être précédé que d'un Acte avoué de la Nation, égal à tous & uniforme à la généralité. La Coutume est ce Contrat de mariage primitif de la Nation. Quelle raison ont donc nos Modernes, de vouloir prétendre que le Contrat de mariage de nos jours, soit un réceptacle sacré de toutes les volontés des Contractans ?

(*a*) Les Mœurs des Germains ; celles des anciens Peuples ; celles de la République des Sages de l'ancienne Grèce, depuis la Section VII du Chap. II, p. 91, jusqu'à la Section II du Chap. III, p. 147.

puiſque, tout particulier qu'il ſoit devenu par l'uſage, il doit toujours être relatif au Contrat général renfermé dans la Coutume, & ne contenir d'autre faculté que celle relative à cette même Coutume. Or, toutes les clauſes d'un Contrat de mariage étant développées dans la Coutume; à quoi peut donc ſervir un Contrat de mariage particulier? ſinon à développer les intentions des Contractans. Mais les Contractans n'en peuvent admettre d'autres que celles que la Coutume admet; puiſqu'elle ſeule contient les clauſes licites de ces ſortes de Contrats. Conſéquemment tout ce qu'elle ne renferme pas, ne peut pas être plus licite dans un Contrat particulier, que dans un Contrat général. Remarquez que je ne parle ici que de la Coutume de Paris. Dans celles où cette faculté a plus d'étendue, à la bonne heure. Mais cela n'importe point à ma queſtion. Donc, à tous égards, la donation mutuelle entre conjoints doit ſeule avoir lieu dans ce Contrat particulier; puiſqu'elle a lieu ſeulement dans le Contrat général de la Nation.

C'eſt cependant de ce Contrat, dont les diſpoſitions ſont mal entendues, que nous voyons tous les jours dériver ces Clauſes contractuelles formellement interdites par la Coutume, qui n'admet jamais ces ſortes de facultés indéfinies de faire ce que l'on veut. Sentiment qui eſt l'origine fatale de tous les maux dont nous ſommes les témoins & les victimes.

Mais ce Contrat de mariage, pour donner de pareilles facultés, eſt-il autoriſé par les Loix de la Nation, qui ſont les ſeules qui peuvent ſuppléer au ſilence de la Coutume? Ou n'eſt-il qu'un ſimple uſage?

Il faut convenir que dans notre Coutume de Paris, & dans celles qui n'exigent point de conventions particulieres, comme celles que j'ai cité au commencement de la seconde Partie de ce Volume, les Contrats de mariage ne sont pas anciens. Si on en rapporte quelqu'uns, c'est dans des cas particuliers, entre les Rois & les Seigneurs. Mais pour le simple Citoyen, il n'est pas possible de remonter bien haut. Quoique je ne puisse en fixer exactement l'époque, il est facile de voir qu'ils sont nouveaux. Nous pouvons en devoir l'origine aux changemens des fortunes du Citoyen, où le meuble, où le mobilier fut converti en immeuble, par le moyen des Contrats de constitutions, qui firent abandonner l'héritage, & donner cours aux constitutions de rentes. Cette constitution eut lieu vers le quinziéme

Siécle ; c'eſt donc environ vers ce tems, ou peu auparavant, que les Contrats de mariages commencerent à être employés par le Citoyen ; ils devinrent fréquens par la ſuite. De ſorte que dans le Siécle où nous vivons, le moindre Artiſan ſe croiroit deshonoré, s'il ne paſſoit point de Contrats.

Ce Contrat a donné lieu à l'extenſion des facultés. Cette extenſion ne s'eſt pas formée tout à coup ; elle a eu ſes degrés. On a commencé par la donation mutuelle, comme la Coutume la deſigne. On a diviſé cette donation. On a introduit le don mutuel ; & la donation mutuelle a changé d'objet. On a été plus loin. On a voulu que ce Contrat fut ſuſceptible de toutes ſortes de clauſes. On a, en conſéquence, admis les donations réelles ; & ces donations ont été ſubdiviſées en mille manieres différentes. On les avoit d'abord reſtraintes à la ſurvie. On les avoit admiſes comme réciproques. On a énervé enſuite l'égalité néceſſaire & requiſe qui rend valable ces donations mutuelles. Enſuite on a introduit les vraies donations ; non réciproques, mais d'un conjoint en faveur d'un autre, dont la femme eſt preſque toujours la premiere victime. Et, enfin, ce qui n'étoit attribué qu'à la faculté d'un majeur, a été attribué à l'impuiſſance d'un mineur. Cette derniere clauſe commence à devenir commune ; elle ſe cache encore tant qu'elle peut : auſſi la développerai-je dans ſon étendue, comme le dernier de ces monſtres qu'il faut écraſer. La chûte de ceux-ci donnera lieu de connoître le danger des autres ; connoiſſance qui pourra les rendre moins ſuſceptibles d'exécution ; & conſéquemment moins communes. Dès-là, cette diminution de donations contractuelles nous donnera lieu de nous flatter d'avoir été utile à la Société.

Si ce Contrat de mariage, qui fait un tort si considérable à la Nation & aux bonnes mœurs, n'est point autorisée d'aucunes Loix ; son usage est donc un abus ? Que dis-je, si les donations sont réprouvées par les Loix ; l'usage pourra-t'il prévaloir ? Examinons ce point ; & faisons part des Loix qui anathématisent cette faculté indéfinie accordee aux conjoints, à la faveur des Contrats de mariage.

SECTION V.

Sentiment des Loix, conforme aux Bonnes Mœurs.

DANS notre Droit François je ne vois aucune Loi qui autorise les donations entre conjoints, autre que la donation mutuelle comprise dans la disposition de la Coutume. Me Pocquet de Livoniere, dans ses Régles du Droit François, Sect. des Donations entre mari & femme, Régle 10e, dit » que les Coutumes » varient pour les choses dont il » est permis de disposer pour don » mutuel. A Paris le mari & la » femme ne se peuvent donner » que leurs meubles & conquêts » immeubles faits durant le ma» riage, pour en jouir par usu» fruit seulement ».

Il faut donc inférer de cette Régle, 1°. qu'il n'y a d'autre Loi que la Coutume ; 2°. que quoique la Coutume ne parle point de Contrats de mariages, parce qu'elle eſt le Contrat général & eſſentiel de la Nation ; elle n'a eu d'autre deſſein que d'avantager les conjoints dans le cas de donation mutuelle. Or, que cette faculté s'exerce avant ou conſtant le mariage ; cela eſt fort peu important à la diſpoſition de la Coutume. Tout ce qui lui importe, c'eſt de n'admettre aucune autre faculté aux conjoints, que celle qu'elle lui a elle-même accordé. Ce Contrat qui précéde le mariage, n'a pas plus d'étendue que celui qui ſe feroit conſtant le mariage ; puiſque ce Contrat particulier ſe fait en vûe du mariage ; puiſque ce Contrat particulier ne peut contenir que les clauſes du Contrat commun, qui eſt la Coutume. Or, la faculté de donner, en cas de mariage, que renferme la Coutume, n'eſt relative qu'à la ſeule donation mutuelle; donc, le Contrat de mariage ne peut aller au-delà de cette faculté, à moins d'une Loi préciſe & écrite. Or, cet Auteur dit qu'il n'y a point d'autre Loi que celle de la Coutume. La Coutume n'accorde que cette ſeule faculté de donation mutuelle; donc, le contraire eſt un abus & une erreur formellement oppoſée aux *bonnes mœurs*.

Je remarque qu'aucun Auteur n'a contredit Me Poquet de Livoniere; ſa régle eſt donc, & une régle certaine, & celle de la Loi de la Nation. Me Argou, dont je ne peux trop annoncer la ſolidité & les lumieres claires, nettes & préciſes, dans ſes Inſtituts du Droit François, tom. 2, *in*-12, chap. 14, s'exprime ainſi ſur les donations que les conjoints peuvent ſe faire par le Contrat de mariage: » Les conjoints » ont la liberté de ſe donner tout

» ce qu'ils veulent ; ce qui s'en-
» tend néanmoins *jusqu'à concur-*
» *rence de ce que les Coutumes, où*
» *les biens sont situés, permettent de*
» *donner entre-vifs.* « Ces Auteurs
parlent des donations contractuelles, des donations par Contrat de mariage.

Il est donc constant que, dans notre Droit François, le Contrat de mariage ne donne pas plus de faculté aux conjoints que la Coutume ; que, conséquemment, les conjoints, dans la Coutume de Paris, ne peuvent autrement s'avantager que par la donation mutuelle, soit avant le mariage, soit constant le mariage.

Si le Droit François renvoye la faculté des Conjoints aux dispositions de leurs Coutumes ; il est donc impossible d'admettre aux Contrats de mariages une puissance supérieure à celle de la Coutume ; conséquemment une faculté plus étendue, inouie jusqu'à nos jours, & contradictoire *aux bonnes mœurs.*

Les Loix Romaines ne seront pas suspectes ici; l'esprit de cupidité, d'ambition & d'intérêt qui dominoit cette Nation, a été obligé de fléchir sous la Loi rigoureuse contre toutes donations contractuelles qu'elle interdit expressément. Examinons-les ces Loix.

SECTION IV.

Conformités des Loix Romaines avec notre Droit François, sur le même sujet.

TOUTES donations entre le mari & la femme ne peuvent jamais valoir, dit le Jurisconsulte Ulpien, au liv. 24 du dig. tit. 1, Loi premiere *de Donat. inter virum & uxorem*; de peur que, par un excès d'avarice, la libéralité ne devînt nuisible au Citoyen. *Moribus apud nos receptum est*; ne inter virum & uxorem donationes valerent. *Hoc autem receptum est, ne mutuato amore, invicem* spoliarentur, *donationibus non temperantes, sed profusâ ergà se facilitate.*

La seconde Loi du même Titre s'explique avec bien plus d'énergie; elle démontre le deshonneur dont nous couvrent nos Clauses

Clauſes contractuelles. Ces donations ſont défendues, dit cette Loi, de peur de rendre les Mariages un objet de trafic; & que ce trafic ne cauſe l'extinction de la naiſſance des enfans. *Nec iis eſſet ſtudium* liberos potius educendi. *Sextus, Cecilius, & illam cauſam adjiciebat: quia ſæpè futurum eſſet, ut diſcuterentur patrimonia, ſi non donaret, is qui poſſet; atque eâ ratione eventurum*, ut venalitia eſſent matrimonia.

Une troiſiéme Loi ſurvient au même Titre, qui fait ſentir les triſtes conſéquences de ces donations. Un amour prudent doit former ces unions; & non le prix, qui, ſans parler de cette pauvreté que ſouffre la famille de celui qui a tout donné, eſt la cauſe de ces triſtes événemens; ſuites inſéparables des donations contractuelles. *Hæc ratio, & oratione Imperatoris noſtri Antonini electa eſt: nam ità ait. Majores noſtri inter vi-*

rum & uxorem donationes prohibuerunt, *amorem honeſtum ſolis animis eſtimantes, famæ etiam conjunctorum conſulentes, ne concordia* pretio *conciliari videretur : nevè melior* in paupertatem *incideret, deterior, ditior fieret.*

Il y a dans ces Loix quelque choſe de plus prohibitif contre le mari, que contre la femme. Le Parag. 2, de cette même troiſiéme Loi, défend au mari de recevoir de qui que ce ſoit qui lui ſoit ſoumis : *Nam magis eſt, ut hi quoque, qui aliquo jure ſubjecti ſunt* marito, *donare non poſſint.* Du nombre de ceux qui ſont ſous la puiſſance du mari, il eſt dit au Parag. 6, toujours de la même Loi, qu'il eſt défendu à la femme de donner au mari : *Ab uxoris, nuruſvè parte, prohibitum eſt donari* viro *vel genero.* Enfin, ce Titre eſt rempli de Loix expreſſes & litteralement prohibitives de ces ſortes de donations.

On objectera ici la liberté des Contrats de mariages. On dira que la femme n'est pas encore liée avec son mari ! Que l'Acte qu'elle passe, est un Acte libre & de pur mouvement ; & mille autres objections, qui n'ont pas plus de fondement les unes que les autres. Je le prouve. Il est question, dans ces Loix, d'un Acte de donation, qui aura lieu constant le mariage ; & ces Loix défendent les donations, relativement au mariage. Ces Loix ont si bien en vûe de défendre, & les donations entre mari & femme, constant le mariage, & les donations contractuelles qui précédent l'union conjugale ; qu'il est question d'empêcher, & l'extinction des enfans qui doivent être le fruit de cette union, & la ruine des familles. Or, les donations contractuelles produisent ces deux sources d'injustice & de parricide ; donc, il n'est pas poſſible d'entendre autrement la Loi prohibitive de donner, que dans un ſens général, ou avant, ou conſtant le mariage. La Loi, chez les Romains, ſervoit de Contrat général; comme les Coutumes en ſervent dans nos mœurs. Or, cette Loi défend les donations conſtant le mariage; donc, elle défend celles qui précédent le mariage; parce qu'ayant le même point de vûe, elles ont les mêmes ſuites à faire appréhender.

La femme ne perd ſa liberté que par le mariage, dira-t'on encore pour étendre la force des Loix contenues dans le paragraphe que je viens de citer; mais elle ne la perd pas avant le mariage. Quel raiſonnement! Le Contrat de mariage n'a lieu qu'à l'exécution du mariage! Juſques-là ſes clauſes ſont impuiſſantes. L'exécution de ces clauſes n'a donc lieu que lors de la ſervitude de la femme; puiſque ce Contrat est si relatif au mariage, que, sans cette relation, il est un Acte inutile. Le mari commence dès-lors à exercer ses droits de maître ! C'est lui qui autorise cette femme ; c'est lui qui lui donne telle faculté qu'il veut qu'elle ait ; c'est lui qui en borne l'étendue & les forces ! Le mari exerce donc dès-lors, contre la femme, l'autorité que la Loi lui donne. La femme est donc déja dans les fers ; puisqu'elle ne contracte & ne donne que par l'autorisation du mari. Sa liberté est donc déja évanouie au moment de son Contrat ; & dès-lors elle n'agit plus comme libre. Enfin, à tous égards ; que la donation ait lieu, soit avant, pour fin de mariage, soit constant le mariage ; les maux que la Loi veut éviter, n'en sont pas moins à craindre ; & dès-lors sa prohibition va aussi loin que le point de vûe du desordre qu'elle envisage comme une suite des donations contractuelles. Car, enfin ; ce que l'on craint de la violence d'un mari, constant le mariage, n'est-il pas à craindre de la part de ce même mari, avant le mariage, par la voie de la séduction, de la fraude, & de la surprise.

Bien loin que notre Droit François, & les Loix Romaines, favorisent ces donations contractuelles ; l'un renvoye aux dispositions de la Coutume ; & les autres les répudient formellement. En ce cas où les Loix parlent avec tant de force & tant d'empire ; tout autre raisonnement doit cesser ! C'est s'ériger en Législateur, que de vouloir, ou en détourner le sens, ou en étendre les dispositions.

On s'autorise à ce sujet de l'Article 282 de cette même Coutume de Paris. Voici le texte de cet Article. » Homme & fem- » me conjoints par mariage, *cons-*

» *tant icelui*, ne ſe peuvent avan- » tager l'un l'autre par donation » entre-vifs, par teſtament, ou » ordonnance, de derniere volon- » té, ni autrement, directement, » ni indirectement, en quelque » maniere que ce ſoit, ſinon par » don mutuel, & tel que deſſus.

De cette diſpoſition on tire cette conſéquence ! Donc, la diſ-poſition de la Coutume ne dé-fend point de s'avantager avant le mariage ; puiſqu'elle ne fait cette défenſe aux conjoints, que conſtant le mariage. Je tire, moi, une autre conſéquence conforme aux Loix : & je dis qu'il réſul-te de la diſpoſition de cet Arti-cle ; qu'il n'eſt point dit qu'ils puiſſent s'avantager en vûe du mariage, autrement que par la donation mutuelle ; parce que toute autre donation eſt dès-lors interdite. *Unius admiſſio, eſt exclu-ſio alterius.* La Coutume ne donne faculté de s'avantager que par donation mutuelle ! Voilà la faculté des conjoints limitée. Elle défend ici de s'avantager autrement que par cette donation mutuelle ; donc, elle défend tout autre avantage. Si elle eut eu intention d'étendre cette faculté hors le mariage ; elle se seroit exprimée à ce sujet. Mais, 1°. elle ne pouvoit connoître de Contrat de mariage préalable ; puisqu'elle est elle-même le Contrat de mariage du Citoyen : conséquemment elle ne pouvoit prévoir qu'on éluderoit sa force & son autorité, par un Acte que chacun inventeroit à sa fantaisie, dans le dessein d'anéantir ses propres Loix, qui renferment les propres dispositions de la Nation. Si la Coutume eut prévû un tel Acte, elle se seroit surement expliquée aussi nettement, & dans le même sens prohibitif ; parce que le Contrat de mariage, n'étant fait qu'en vûe du mariage ; la donation qu'il auroit renfermé, auroit produit la même crainte, & le même desavantage à la Nation, que celle faite constant le mariage.

Ce n'est pas d'aujourd'hui que je me plains, que nos Commentateurs se sont plus appliqués à commenter des mots, qu'à nous rendre le vrai sens des Coutumes : j'avoue même que je ne cesserai de m'en plaindre, que quand j'aurai épuisé tout ce qui est intéressant au plan de mon travail. L'esprit de la Coutume, ainsi que de la Loi, est d'anéantir tous avantages entre conjoints, qui puissent faire tort à la Société & à la Nation. Qu'on élude l'effet de cette sage disposition, à la faveur d'un Contrat que la Coutume n'a pû, ni dû prévoir, puisqu'elle est elle-même le Contrat général! N'est-ce pas éluder sa force & son autorité? N'est-ce pas convertir ces ſages précautions, en illuſions ? & ſe ſervir contre elle-même des diſpoſitions qu'elle employe pour exprimer ſa volonté impérieuſement excluſive.

Puiſqu'il n'y a aucune Loi qui autoriſe les donations entre conjoints par Contrat de mariage : bien plus, qu'il n'y a aucune Loi qui ait autoriſé les Contrats de mariage ; il n'y a donc aucune Loi qui ait autoriſé cette faculté indéfinie qu'on leur attribue. Cette faculté indéfinie eſt une erreur formelle ; parce que ces Contrats ne doivent renfermer, pour rendre les clauſes licites & conformes aux *bonnes mœurs ;* que ce qui eſt relatif à la diſpoſition de la Coutume, & aux facultés qu'elle-même a voulu donner.

Cependant ces clauſes de donations s'employent tous les jours ! Elles ſont valides ! La Juriſprudence, dira-t'on, en fait une Loi qui les autorise & les confirme. Je ne peux nier le fait. Mais la Jurisprudence prouve tout le contraire de cette faculté indéfinie. La Jurisprudence tolere cet usage, mais ne l'approuve pas. Entrons dans cette explication, & pénétrons l'esprit de la Jurisprudence. Ce point de la disposition de nos usages est trop précieux pour le laisser échaper.

SECTION V.

De la conformité de la Jurisprudence avec nos Coutumes & les Loix Romaines, sur le même sujet.

RIEN de si familier dans la physique ordinaire des hommes ; que d'attribuer à la Lune les intempéries de l'air, & l'inconstance des saisons. Rien de si ordinaire aux Plaideurs, que d'attribuer à la Jurisprudence la variété des décisions, & l'inconstance des Loix ; pour s'autoriser à faire ce qu'elle semble prescrire ; sur-tout quand ce qu'elle semble prescrire, donne l'essort à leurs passions. Mais comme ce n'est point au vulgaire à pénétrer les secrets de la nature ; ce n'est point aussi à ces sortes de gens à percer ces mysteres sacrés de la saine Jurisprudence.

SECTION VI.

De l'esprit de la Jurisprudence dans les décisions.

LA Jurisprudence est la gardienne, la protectrice de la Loi. Le texte de la Loi est-il clair? La Jurisprudence se décide en sa faveur. Le texte de la Loi n'est-il pas assez développé? La Jurisprudence s'étudie à en pénétrer le sens, à l'aide des Jurisconsultes interprêtes. Le texte de la Loi, enfin, ne porte-t'il point sur la chose proposée? La Jurisprudence s'applique à la nature des mœurs de la Nation; &, par une heureuse conciliation, elle a l'art de faire revivre, à l'avantage de la Société, les Loix primitives de l'intelligence, de la prudence, & de la sagesse les plus constantes.

S'agit-il d'un usage dont le

cours a pris des forces au milieu de l'obscurité où il a pris naissance? La Loi s'exprime-t'elle avec netteté contre l'introduction de cet usage? Sans ménagement, la Jurisprudence lance ses foudres contre l'Acte qui a osé l'enfreindre.

S'agit-il d'un usage dont le cours a pris des forces au milieu des passions de l'homme? La Loi ne s'exprime-t'elle pas? La Jurisprudence envisage l'état du Citoyen, & le confronte avec les mœurs de la Nation. Si cet usage peut s'allier avec l'un & l'autre; elle juge qu'il est plus convenable de laisser aller ce cours, en lui opposant de fortes barrieres; qui, gênant les passions, le rendront moins vif, & en dissiperont le torrent.

S'agit-il d'allier les formes nouvelles du commerce de la Société, qu'un changement de fortune a introduit? La Jurisprudence se prête à toutes ces nouveautés, plutôt qu'elle ne les autorise, pour procurer la paix, la tranquillité, & l'avantage de la Nation; mais avec tant d'art, tant de délicatesse; qu'elle semble plutôt reprocher au Citoyen son inconstance, que l'animer à sa légéreté.

S'agit-il des affaires des grands? Que l'on ne soit point surpris de voir, à cet égard, des décisions que les affaires du particulier ne peuvent souffrir. Parce que dans les affaires des grands, l'Etat est presque toujours le point de vûe qui anime la Jurisprudence; parce que l'Etat est presque toujours intéressé dans les affaires des grands.

S'agit-il des affaires des particuliers? Tout est relatif au bien commun; & ce point de vûe termine les différens personnels. La Jurisprudence, dans ces cas, se décide, à défaut de Loix, par l'impreſſion que font ſur elle, & l'effort des paſſions du particulier, & le bien général de la Société. Mais comme ces paſſions ne ſont jamais uniformes ; il eſt de toute néceſſité qu'il paroiſſe de la variété dans les déciſions de la Juriſprudence ; quoique toutes enſemble ſe rapportent au bien général & commun de la Société.

L'on eſt toujours ſurpris ; on oſe même blâmer aſſez ouvertement ces oracles ſacrés de nos Parlemens ; quand, au lieu de décider une queſtion, ils forment plutôt une Tranſaction entre les Parties. Je veux que, dans ces cas, la Loi ſoit claire. Mais que l'on enviſage, 1°. que, par cette déciſion en forme de Tranſaction, le Magiſtrat ne tranſgreſſe point la Loi ; puiſque ſa diſpoſition n'eſt point l'objet de ſa déciſion. 2°. Que la forme de Tranſaction eſt le titre le plus glorieux de la puiſſance. C'eſt une marque ſuréminente

ſuréminente de ce pouvoir ſouverain qui lui eſt confié. C'eſt une preuve à jamais reſpectable de cette pénétration, de cette ſagacité, dont aucun des hommes n'eſt ſuſceptible. C'eſt, enfin, le concours de la tranquillité du Citoyen, de l'amour pour la Patrie, qui lui fait préférer la paix, à la ſévérité de la Loi. Sévérité qui, dans de telles circonſtances, ſeroit ſans doute plus nuiſible à la Société, qu'elle ne lui ſeroit avantageuſe.

Apprenons par ce ſecret, que je viens de développer; & à reſpecter cette haute ſageſſe, conduite ordinaire de la Juriſprudence, dans le plan qu'elle nous fait ici enviſager; & à pénétrer ſans ceſſe ſon eſprit, avant de s'allarmer de ſes déciſions.

C'eſt ſur ce plan auſſi que nous allons entrer dans l'examen des Clauſes contractuelles dont j'ai deſſein de parler.

J'ai dit que la Coutume de Paris ne laissoit aux conjoints d'autre moyen de s'avantager ; que celui de la donation mutuelle, qui consiste dans l'usufruit de la part que le prédécédé doit avoir dans les objets de la communauté.

La Jurisprudence n'a jamais fait une Loi des Contrats de mariages. L'usage s'en est introduit dans le silence ; & étendu dans le secret. Ils étoient déja communs quand ces Clauses ont paruës au grand jour.

Tant que ces sortes de Contrats se sont renfermés dans les dispositions des Coutumes ; la Jurisprudence n'a rien trouvé à redire à l'existence de ces Actes. Tant que ces Contrats n'ont exprimés, pour avantages, que la donation mutuelle ; elle n'a rien eu à condamner.

Mais bien-tôt on a vû le ton impérieux de ces Contrats, à

A l'égard des donations uſufruitieres & mutuelles des propres même de communauté ; c'eſt-à-dire des biens de chacun des Conjoints exclus de la communauté. Pour lors, la Juriſprudence a ſouffert cette diſtinction de don mutuel, & de donation mutuelle. La Juriſprudence a imprimé au don mutuel le caractere de pouvoir donner, en uſufruit, ce que la Coutume permet ſous le nom de donation mutuelle. Mais la Juriſprudence a-t'elle autoriſé la donation mutuelle ? C'eſt ce qu'il faut examiner dans le Chapitre ſuivant.

CHAPITRE II.

De la Donation mutuelle.

LA donation mutuelle eſt une extenſion forcée de la faculté donnée par la Coutume. La donation mutuelle de la Coutume ne s'étend qu'aux objets de communauté, tels qu'ils ſe trouvent à la mort du prédécédé, pour jouir en uſufruit, par le ſurvivant, de la part qui appartient au prédécédé. Cette donation eſt un *avantage*, & non une *donation* que nous appellons *réelle*. Cet *avantage* eſt un uſufruit; il ne fait aucun tort à la propriété, qui paſſe aux héritiers du prédécédé. Cet avantage ne gêne aucun des conjoints; il ne conſiſte qu'aux objets exiſtans lors de la mort du prédécédé. Tout eſt égal entre eux; c'eſt le fruit du travail commun.

La donation que nous appellons mutuelle, dans nos mœurs, est une donation usufruitiere, que les conjoints se font par le Contrat de mariage, des objets propres de communauté, tels qu'ils se trouveront à la mort du prédécédé.

Cette donation est encore un *avantage*, & non point une *donation*. Elle ne consiste que dans l'usufruit; la propriété n'est point enlevée à l'héritier. Elle n'a lieu qu'à la mort du prédécédé, & ne gêne point la libre disposition des conjoints. Elle ne consiste point en corps certain & déterminé; mais en objets qui existeront à la mort du prédécédé. S'il n'en existent aucuns, la donation est caduque, sans être nulle.

Mais cette faculté de donner de cette façon, n'est pas, 1°. si indéfinie que l'on pense. 2°. Cette faculté est plutôt une condescendance de la Juriſprudence, que le fruit de ſon autorité. Parcourons les rayons du cercle étroit dans lequel elle a renfermé cette faculté, & nous verrons la preuve de ce que je viens d'avancer.

Cette faculté, 1°. ne s'étend pas au-delà du Contrat de mariage. Elle ne peut ſe faire conſtant le mariage, ainſi que la Coutume le permet aux conjoints dans le cas de ſa diſpoſition.

2°. Il faut qu'il y ait entre les Conjoints égalité d'âge, égalité de ſanté ; c'eſt-à-dire, qu'au moins la ſanté de l'un & de l'autre ne périclite pas eſſentiellement ; égalité de biens, à peine de nullité (*a*). Je ne ſçais pourquoi on n'a point parlé juſqu'ici d'une autre égalité, dont

(*a*) Voyez M. de Ferriere dans ſon Commentaire ſur la Coutume de Paris, Article 280.

ge traiterai par la ſuite, qui conſiſte dans une égalité de pouvoir relative à la faculté de diſpoſer des biens ſujets à l'avantage. Cette égalité eſt cependant la plus importante; car ſans elle la fraude & la ſurpriſe ſont auſſi infaillibles, qu'elles ſont évidentes; & c'eſt certainement l'eſprit de la Juriſprudence, de faire éviter l'un & l'autre aux conjoints dans ces eſpeces de donations, que l'uſage contraire à la diſpoſition de la Loi commune a introduit.

3°. Ces donations peuvent ſe faire, ou par le Contrat de mariage; ou par un Acte, toujours avant le mariage, & qui ſoit paſſé du conſentement des parens. (*a*) La rigueur de ces formalités en rend l'uſage moins fréquent.

J'expliquerai dans un moment, plus à découvert, la rigueur de

(*a*) Voyez M. Argou, Inſtitution du Droit François, tome 2, liv. 3, chap. 121, p. 164.

ces formalités. Il suffit de dire ici, que cette donation a été tolérée par la Jurisprudence; parce qu'elle ne dépouille pas l'héritier; & que, pour la rendre valide, elle a exigé ces sortes d'égalités qui donnent la force à ces sortes d'avantages.

Parlons à présent des donations qui intéressent le plus l'ordre public. Je veux dire des donations en propriété, ou donations réelles, que les Loix Romaines appellent *mera donatio.*

Nous en concevons de deux sortes; les unes que nous appellons *Donations-avantages*; les autres que nous appellons *Donations réelles.* Toutes deux contraires à la Coutume de Paris & aux Loix, ne doivent point leur existence à la condescendance de la Jurisprudence. Ces Donations sont le triste effet de la cupidité de l'homme, que sa violence a arraché à la sagesse de de cette même Juriſprudence.

Avant d'entrer dans l'examen de cette diſpoſition de la Juriſprudence à cet égard ; donnons une idée juſte de ces deux ſortes de donations. Et pour rendre cette idée plus claire & plus préciſe, développons les différences que ces deux ſortes de donations ont entr'elles, par une antithèſe reflêchie.

CHAPITRE III.

Antithèses sur les Donations-avantages, & Donations réelles.

1°. LA Donation réelle est un Acte qui donne réellement. L'avantage, au contraire, est un Acte qui promet.

2°. La Donation réelle saisit le Donataire de l'objet donné, au moment de la perfection de l'Acte. L'avantage, au contraire, ne saisit jamais le Donataire : il peut même ne le point saisir ; parce que l'objet donné dépend de la survie du Donataire, & de l'existence de l'objet donné, à la mort du prédécédé Donateur.

3°. La Donation réelle est toujours essentiellement suivie de la tradition réelle, ou feinte. L'avantage, au contraire, n'est jamais suivi d'aucune espéce de tradition.

4°. La Donation réelle exige une réelle acceptation ; parce qu'elle renferme un objet certain & constant. L'avantage, au contraire, n'a besoin d'aucune acceptation ; parce qu'elle ne renferme aucun corps certain, ni constant.

5°. La Donation réelle dépouille le Donateur, au moment de la donation ; de façon que la chose donnée ne lui appartient plus, & qu'il ne peut en disposer. L'avantage, au contraire, ne dépouille point le Donateur de la chose donnée, elle reste en sa disposition ; de façon qu'il peut priver le Donataire de l'objet de sa donation.

6°. La Donation réelle donne au Donataire un droit réel sur la chose donnée ; parce que le droit de propriété lui est dévolu dès la perfection de l'Acte de donation. L'avantage, au contraire, ne transfere aucun droit au Donataire ſur la choſe donnée ; parce que le droit de propriété, bien loin de lui être transféré par l'Acte qui contient la donation, eſt réſervé au Donateur.

7°. La Donation réelle n'a d'autre terme de la tradition, que celui de la conſommation de l'Acte. L'avantage, au contraire, a le terme de la ſurvie du Donataire, & la condition de l'exiſtence de la choſe donnée au tems de la mort du Donateur.

8°. La Donation réelle tranſfere un droit réel à l'héritier du Donataire ; parce que le Donataire eſt ſaiſi du droit de propriété à l'inſtant de la perfection de l'Acte. L'avantage, au contraire, ne transfere ce droit à l'héritier, que quand le Donataire l'a lui-même acquis par le prédécès du Donateur.

Il eſt très-facile de décider à préſent, que c'eſt très-improprement, que l'on appelle un avantage, une *donation.* Parce que réellement l'avantage différe essentiellement de la donation.

L'amour propre, chez les derniers Romains, qui avoit pris la place de la véritable grandeur d'ame de leurs peres, les aveugloit de façon; qu'ils donnoient à leurs moindres volontés de *donner*, cet air d'entousiasme qui les portoit à tout confondre. L'avantage, ainsi que le douaire; le libre & le forcé, passoient chez eux pour donation de leur part. Mais quand il étoit question de décider des effets de l'une ou de l'autre; l'orgueil de cette Nation étoit obligé de fléchir; &, pour lors, on n'appercevoit plus dans l'*avantage*, que l'avantage même, qu'ils appelloient simplement *donation*; & la donation effective s'appelloit *une vraie*, ou *une réelle donation*, ou *mera donatio.*

Nous, moins susceptibles, en apparence, de ce faste plein d'orgueil, nous avons bien conservé le nom de donations; mais, sans attendre la décision de leurs effets, nous exprimons, sur le champ, l'avantage, *donation-avantage*; & la véritable ou réelle donation, nous l'appellons simplement *donation.*

Il faut l'avouer; nous devons ces distinctions à nos Auteurs modernes. Mais par le peu de soin qu'ils ont eu de les rendre intelligibles; il naît, de la confusion du terme général *de donation*, une multitude de contestations qui font gémir le Citoyen. Faisons donc ensorte de ramener la tranquillité commune, en donnant des unes & des autres une définition exacte, dont ces Auteurs modernes auroient dû nous dispenser.

En général, toutes les Clauses d'un Contrat de mariage, s'appellent *contractuelles.* L'union même du mariage, s'appelle *union contractuelle*; parce que cette union ſe forme par un Contrat réciproque entre les conjoints. De même, tous les avantages, & toutes donations inſérées dans un Contrat de mariage, s'appellent *avantages & donations contractuelles*. Du nombre des *avantages*, ſont, & le don mutuel, & la donation mutuelle, dont nous avons précédemment parlé. Si le Lecteur veut être inſtruit plus à fond des formalités qu'exigent ces deux ſortes d'avantages, il peut avoir recours aux Auteurs qui en ont parlé; & ces Auteurs ne ſont pas rares. Quant à moi, je vais ſuivre mon plan, & parler des *avantages*, ou *donations avec droit de propriété*. Je commence par les *donations-avantages*.

CHAPITRE IV.

Des Donations-avantages, avec droit de propriété.

TELS ſont les progrès de la cupidité ! Telle eſt cette pente que l'eſprit de l'homme ſuit toujours à grands pas, à meſure qu'il s'éloigne de la ſageſſe de ſes peres. Le Citoyen n'a connu autrefois d'autre avantage que le don mutuel, dont ſa Coutume lui donnoit la faculté. La Juriſprudence lui a accordé celle de la donation mutuelle uſufruitiere. Il en veut à préſent à la donation de propriété. Il ne ſe bornera pas ici aux ſimples avantages ; il trouvera l'art de ſe rendre les donations réelles favorables. Suivons-le pas à pas, & voyons quel empire, & cet avantage de propriété, & ces donations réelles ont pris ſur nos mœurs.

La donation mutuelle en propriété a lieu dans les Contrats de mariages régis par la Coutume de Paris. Cela me suffit pour m'échaper à mes propres refléxions. Eût-il mieux valu la rejetter, que de la prétendre fixer à certaines bornes? Le premier expédient m'eût paru le plus conforme à la Loi, qui défend aux conjoints de s'avantager, directement, ou indirectement. Que cet avantage prenne sa source dans un Contrat de mariage, ou dans un Contrat constant le mariage; cela me paroît à peu près égal. Le Contrat de mariage, que l'on objecte comme un Contrat libre, ne le sauvera pas du reproche d'avantage direct en lui-même, & d'indirect dans sa forme, qu'il mérite en ce fait; puisqu'il est contracté en vûe d'un mariage constant, qui répudie ces avantages. Mais, enfin, la Jurisprudence les a admis ces

Donations-avantages en propriété. Je la crois pénétrée de trop justes raisons pour m'y opposer. D'ailleurs, les fortes barrieres qu'elle a mis entr'elles & la cupidité de l'homme, me démontrent suffisamment que ces donations ne sont nullement l'effet de sa condescendance ; mais que l'aveu qu'elle en tolere, est plutôt un aveu arraché à sa prudence, qu'à une parfaite & libre autorisation.

Sur cette idée constante & reconnue, voyons en quoi consistent les Donations-avantages avec droit de propriété.

Les Donations-avantages, sont ou réciproques, ou totalement personnelles. Elles sont réciproques, ou mutuelles, quand les deux Conjoints se donnent réciproquement, ou mutuellement, tous leurs biens, ou présens, ou à venir. Ces donations sont seulement personnelles, quand l'un des Conjoints donne à l'autre tous ses biens, ou présens, ou à venir.

Ces Donations-avantages ont lieu par le Contrat de mariage; 1°. soit que le Donateur mutuel, ou personnel, ait des biens existans lors de la donation; soit qu'il n'en ait pas. 2°. Elles ont lieu; soit que le Donateur en ait avant sa mort; soit qu'il n'en ait pas. Au premier cas, le Donataire se saisit de ce qu'il trouve. Au second cas, la donation n'est pas nulle; mais elle devient caduque; c'est-à-dire sans effet. 3°. Ces Donations-avantages ont pour terme, la survie du Donataire; & pour condition, l'existence des biens à la mort du Donateur. 4°. Enfin, l'héritier du Donataire n'est saisi du don, qu'après que celui dont il hérite a été lui-même saisi de l'objet, s'il est arrivé au terme, ou si l'événement lui a été favorable par la survie.

Cette définition des effets de donations mutuelles, eſt avouée d'un chacun. Cet aveu eſt encore uniforme, en ce qui concerne l'héritier du Donataire ; mais on ne veut point en convenir, dans le cas d'une Donation-avantage, qui eſt purement perſonnelle. Examinons ſi le ſentiment des Partiſans des Donataires, eſt plus favorable aux héritiers, dans le cas d'une Donation-avantage mutuelle.

La Donation-avantage perſonnelle, eſt égale à la diſpoſition de la Donation-avantage mutuelle ; l'une & l'autre renferment pour objet de donation des biens qui ſe trouveront à la mort du Donateur. La ſurvie & l'événement de la condition ; l'incertitude d'un corps certain ; l'incertitude même d'en trouver aucun, ſont des rapports égaux entre l'une & l'autre donation ; donc, le Donataire ne pouvant être ſaiſi du droit à la chose, que par l'événement & le terme de la condition arrivé, ne peut transférer aucun droit à son héritier avant l'événement & le terme de la condition ouverts en sa faveur.

C'est ce que la Jurisprudence elle-même a décidé par Arrêt de la premiere Chambre des Enquêtes, au rapport de M. *Pinon*, rapporté dans le Journal du Palais, onziéme volume *in*-4°. pag. 434.

En 1653, Marie Esglant, veuve Lettier, Docteur en Médecine, passe en secondes nôces avec Michel Langlois, Commissaire des Guerres. Marie Esglant avoit eu plusieurs enfans de son premier mariage; par conséquent elle ne pouvoit donner à son mari qu'une part d'enfant, telle qu'elle se trouveroit au jour de son décès. Cette Clause de donation, dans un Contrat de mariage, ainsi exprimée, est positivement ce qui démontre clairement la distinction de Donation-avantage, avec la Donation réelle.

Michel Langlois prédécede ; Marie Esglant sa femme, lui survit ; bientôt elle décede elle-même, & laisse pour héritier un de ses enfans du premier lit, Simon Lettier, qui avoit survécu sa mere & ses autres freres.

Dans cet état ; les héritiers collatéraux de Michel Langlois prétendent avoir la part d'enfant donnée à celui dont ils héritent ; &, en conséquence, font assigner, au Châtelet de Paris, Simon Lettier, comme fils & héritier de sa mere Donatrice, aux fins, & de partages des biens de sa succession, & de délivrance du don de part d'enfant fait à Michel Langlois. Sentence intervient le 26 Août 1689 ; par laquelle, le partage est ordonné par moitié, entre Simon Lettier, & les héritiers Langlois. Appel en la Cour, de la part de Simon Lettier ; laquelle, faiſant droit ſur les défenſes de Simon Lettier, déboute les héritiers Langlois de leur demande.

Cet Arrêt étoit fondé ſur ce que la donation étoit devenue caduque par le prédécès du Donataire, qui n'avoit acquis aucun droit ſur la choſe donnée ; parce que l'événement & la condition du don n'ayant point été favorables au Donataire, il n'avoit pu être ſaiſi d'aucun droit ; conſéquemment, que ſes héritiers n'en pouvoient jamais avoir acquis aucun.

Pour être inſtruit à fond des moyens oppoſés de part & d'autre, on peut avoir recours au Livre même, dont j'ai extrait l'Arrêt dont je parle. Il faut donc poſer pour conſtant, que la Donation-avantage ne ſaiſit que par la ſurvie & par l'exiſtence de la choſe donnée à la mort du Donateur ; qu'ainſi l'héritier n'ayant pas plus de droit que celui dont il hérite, il n'a aucun droit, ſi le don n'a point ſuivi celui dont il hérite, à cauſe de ſon prédécès.

On prétend tirer un grand avantage en faveur de l'héritier, quand on trouve que l'héritier eſt dénommé dans la donation ; d'où l'on conclut, que quand le don eſt fait ſeulement au Donataire, ſans exprimer *à ſes héritiers ou ayans cauſe ;* l'héritier n'a aucun droit au don lors du prédécès du Donataire ; mais quand l'Acte porte, *les héritiers & ayans cauſe ;* ces mêmes héritiers jouiſſent du droit de l'événement.

En partant du ſyſtême d'une telle repréſentation, ne diroit-on pas que le Donateur a épouſé, & le Donataire, & ſes héritiers ? Quelle liaiſon ? Quelle relation y a-t'il, entre le Donateur & les héritiers du Donataire, pour donner

donner à cette repréſentation une force & une étendue qui choquent même les droits de la ſaine raiſon ? Quoi ! Des Conjoints, dont l'union n'eſt que perſonnelle, prennent-ils jamais un intérêt ſi vif à leurs héritiers ? On ne le penſera jamais ; parce que cela ne peut être.

Il eſt vrai qu'en fait d'avantages ; on peut en limiter, ou en étendre les droits. Ces donations peuvent n'avoir de rapport qu'au ſeul Donataire. Mais ſi le droit de propriété eſt joint à la donation, comme je le ſuppoſe ici ; l'héritier, quoique non dénommé, a droit au don, comme ſuite naturelle de la propriété accordée au Donataire dont il hérite. Il faut, pour qu'il puiſſe n'y avoir aucun droit, qu'il en ſoit formellement exclus. En ce cas, l'objet de donation revenant aux héritiers du Donateur, n'eſt plus une donation de propriété, mais une donation usufruitiere. Que l'on conçoive, que donner à quelqu'un un droit de propriété ; c'est donner avec extension à l'héritier. Les termes d'*héritiers ou ayans cause*, que les Notaires ont coutume de mettre, n'est que de pur style. Ces termes même ne donnent d'autre sens à la Clause, que de définir le droit de propriété, & d'en étendre le droit, tel que le droit de propriété le fait concevoir.

Ainsi que les termes d'*héritiers ou ayans cause* suivent en ce fait la propriété accordée au Conjoint, ou qu'ils n'y soient pas exprimés ; cela est fort égal. L'héritier du Donataire a toujours le même droit d'hériter de l'objet du don ; puisque le terme de propriété renferme toujours l'héritier, si cela n'étoit pas, le droit de propriété n'auroit aucun effet.

Mais dans ce cas-ci, afin que

l'héritier puiſſe jouir du droit de celui dont il hérite ; il faut que ce droit ſe trouve acquis dans ſa ſucceſſion : or, ni le terme de la condition, ni l'événement qui donnent ce droit n'ont pu être acquis au Donataire à cauſe de ſon prédécès : donc, l'héritier du Donataire ne peut être ſaiſi d'aucun droit contre le Donateur.

La Juriſprudence n'impoſe, pour la validité de ces Donations-avantages perſonnelles, aucunes formalités, que la ſeule volonté des Parties, la ſurvie, & l'exiſtence de la choſe donnée à la mort du Donateur ; de ſorte que les circonſtances dans leſquelles elles ſe rencontrent au décès de l'un ou de l'autre des conjoints, décident toujours de la validité, ou de la caducité d'un pareil avantage.

Relativement aux Donations-avantages mutuelles & en propriété ; il faut, dans un ſens plus étroit, les mêmes égalités que pour la donation mutuelle & uſufruitiere ; égalité d'âge, égalité de biens, égalité de ſanté, égalité de pouvoir.

Nos Auteurs ont aſſez traité des trois premieres égalités ; le Lecteur peut y avoir recours. Je n'entreprens de traiter que de cette derniere égalité qui leur a échapé ; laquelle fait, ſelon moi, toute la force de ces eſpeces de donations. La Juriſprudence elle-même en décidera.

Avant de m'étendre ſur ces formalités ; je vais rendre compte d'une Conſultation, ſuivie de Conférences auſquelles j'ai aſſiſté, comme conſeil relatif à ce que je viens de dire ſur la nature des Donations-avantages.

Il faut avouer que le goût de former des Donations contractuelles ; de quelque façon qu'elles ſoient exprimées ; quelqu'incertain que ſoit l'objet donné, ou dans ſa tradition, ou dans ſa condition, ou dans ſon exiſtence même ; ainſi que l'inclination d'en ſoutenir la validité, ſont montés au dégré d'une eſpece de fureur. L'Eſprit eſt enveloppé dans un torrent d'uſage qui entraîne toutes réflexions & tous raiſonnemens.

C'eſt le terme *donner* qui détermine l'objet des donations contractuelles ; & quand ce terme ſe rencontre ſtrictement accolé à ceux-ci, de pur uſage, *dès-à-préſent, & en la meilleure forme que donation puiſſe avoir.* La donation eſt conſommée, & tellement réelle ; que, nonobſtant aucune tradition réelle, ou feinte ; que dis-je, ſans même l'exiſtence de la choſe donnée ; l'héritier du Donataire, en cas même du prédécès du Donataire, a droit de répéter la choſe donnée à la mort du Donateur. Un exemple, paſſé ſous mes yeux, développera l'idée que je propoſe.

J'ai été conſulté au mois de Juillet dernier ſur la validité, ou l'invalidité de cette Clauſe contractuelle ; dont voici le texte.
» *La Demoiſelle future épouſe, par*
» *l'eſtime & amitié qu'elle porte au-*
» *dit Sieur futur époux.* (Remarquez que ce ſont preſque toujours les femmes qui forment les donations dans les Contrats de mariage ; parce qu'il n'eſt pas naturel, dit-on, qu'un mari ne ſoit pas indemniſé des folles dépenſes que ſon mariage lui a occaſionné.) « *lui a dès-à-préſent* donné
» & aſſuré, en la meilleure forme
» que donation puiſſe valoir, *ce*
» *acceptant pour lui, ſes hoirs, ou*
» *ayans cauſe, la ſomme de vingt*
» *mille livres, à prendre après le*
» *le décès de ladite Demoiſelle fu-*
» *ture épouſe*, & non auparavant, ſur les biens immobiliers
» *qu'elle laiſſera à ſon décès ; &*,

» *en cas d'insuffisance*, sur les plus » clairs & apparens biens de sa » succession, *pour, par ledit Sieur* » *futur époux, ses hoirs, héritiers,* » *successeurs, & ayans cause, en* » *jouir en toute propriété, à comp-* » *ter du jour du décès de la future* » *épouse.*

Il faut observer, 1°. que le Donataire a prédécédé la Donatrice. Il faut observer, en second lieu, que lors de la donation, la Donatrice n'avoit aucun bien, ni fonds immobiliers. Il faut observer, en troisiéme lieu, qu'à la mort de la Donatrice, on n'a trouvé aucune sorte de biens; toute sa fortune consistoit en viager. Voilà dès-lors une donation caduque, ou sans effet à la mort de la Donatrice.

Il faut remarquer en quatriéme lieu, que la Donatrice n'assigne point ses meubles & effets mobiliers pour donner lieu à exercer cette donation; parce que ces mêmes meubles & effets mobiliers étoient l'objet d'une donation mutuelle entre les Conjoints, donation qui précédoit celle-ci.

D'après ces obſervations intéreſſantes, & la queſtion propoſée ſur la validité, ou l'invalidité de cette donation : voilà quel fut mon avis.

Je ne pûs m'empêcher, conformement aux principes que j'ai poſé ci-deſſus, d'enviſager cette donation comme une Donation-avantage, & non comme une Donation réelle; & de conclure, que, vû le prédécès du mari; l'avantage n'ayant pu avoit lieu en ſa faveur, l'héritier étoit déchû du droit de répéter cette ſomme de vingt mille livres contre les héritiers de la Donatrice ſurvivante.

Mon avis, préſenté à un de mes Confreres, fut contredit dans ſon entier. Cette donation lui parut une donation réelle & conſéquemment valable dans toutes ſes circonſtances.

constances. Je n'en fus nullement surpris ; parce que je sçais que l'usage prédomine & semble triompher de la Loi : aussi c'est dans la vûe de démontrer que cet usage est un abus ; que je me suis appliqué à traiter de la nature de ces Clauses contractuelles : & persistant dans mon avis ; on nous joignit l'un & l'autre. Je fus charmé de cette occasion, pour puiser dans les lumieres de mon Confrere les principes de l'opinion contraire.

Voici les raisons de ce Jurisconsulte. Il soutint que les donations faites par Contrat de mariage n'ont nullement besoin de tradition ; & que ces mots *donner dès-à-présent*, *&* *en la meilleure forme que donation puisse valoir*, équivaloient à la tradition ; parce que la volonté du Donateur étant une fois constante de *donner* ; la Donation contractuelle avoit dès-lors toute sa force, & sa vertu; parce que *donner & retenir* formoit une donation valable dans les Clauſes contractuelles; parce qu'enfin ce ſentiment étoit un uſage conſtant, contre lequel il étoit impoſſible de lutter avec une eſpece de ſolidité.

Voici ma replique. Je diſtinguai les Donations-avantages, ainſi que je l'ai fait précédemment, d'avec les Donations-réelles. Je dis, que les Donations-avantages étoient totalement diſtinctes des Donations réelles; & que jamais on ne prouveroit, qu'une Donation-avantage eût le caractere d'une Donation réelle. Je dis, que ſi l'uſage étoit de confondre ces deux eſpéces de donations! L'uſage étoit un abus; abus même réformé par la Juriſprudence. La différence de ces donations eſt ſenſible. La Donation-avantage ne ſaiſit point le Donataire, & ne déſaiſit point le Donateur; parce que le Donataire n'a de droit à la chose donnée, qu'en cas de survie du Donataire; & si la chose donnée, ou si les fonds, sur lesquels la chose donnée est à prendre, existent dans la succession du Donateur prédécédé; parce que le Donateur est en pleine liberté de disposer, de son vivant, de l'objet de sa donation; sans en être responsable, ni au Donataire, ni à ses héritiers. La Donation réelle, au contraire, saisit le Donataire, & désaisit le Donateur, au point qu'elle lui enléve la faculté de disposer de la chose donnée; &, en cas qu'il en dispose, le Donataire, ou son héritier, ont droit de le retirer des mains du tiers acquereur, à titre de propriétaires, & non à titre de simplement hypotéquaires.

D'après ces débats de part & d'autre, nous conclumes à passer par l'avis d'un tiers. Ce tiers conſulté, a décidé contre mon opinion. Examinons ſes raiſons.

Le conſeil tiers eſt convenu ; 1°. qu'il n'y avoit point de tradition, ni réelle, ni feinte, dans l'objet de la donation propoſée ; mais que la tradition n'étoit nullement néceſſaire dans l'objet des Donations contractuelles, qui devoient être, comme au cas préſent, enviſagées comme Donations réelles, indépendemment de la tradition.

2°. Qu'à défaut de tradition, le Donataire acqueroit une hypotéque réelle ſur les fonds aſſignés à la ſureté de la donation des vingt mille livres.

Je repréſentai, qu'une Donation réelle, ſoit contractuelle, ſoit autrement, ſans tradition ; étoit autant une eſpéce de monſtre dans l'ordre des Donations réelles, qu'une Donation réelle, ſans objet fixe & conſtant lors de la donation ; parce que l'eſſence d'une Donation réelle étoit de ſaiſir le Donataire, & de déſaiſir le Donateur, au point qu'il ne puiſſe diſpoſer de la choſe donnée. A la bonne heure, que ces donations ayent lieu contractuellement, comme Donations-avantage; mais elles ne peuvent avoir lieu comme Donations réelles.

Le conſeil tiers m'a oppoſé, en ſecond lieu, l'Ordonnance de 1731, ſur les Donations, qui excepte de ſa rigueur les Donations contractuelles. Je ſuis convenu, que cette Ordonnance diſpenſoit de ſa rigueur les Donations réelles contractuelles, qui viennent en ligne directe, & non les autres; mais qu'excepter d'une rigueur de formalité, n'étoit pas enlever à un Acte ſon eſſence! De ſorte que l'on ne prouvera jamais, que cette Ordonnance, en diſpenſant de ſa rigueur même toutes les Donations réelles contractuelles, ne pouvoit enlever, & n'enlevoit effectivement point la nécessité de la tradition, comme point essentiel de l'Acte de donation.

Le conseil tiers m'a opposé l'Article 3 de cette même Ordonnance. Il veut, cet Article, *que toutes Donations à cause de mort, à l'exception de celles qui se feront par Contrat de mariage, ne pourront doresnavant avoir aucun effet, &c.* Or, la clause de donation proposée renferme une donation réelle; mais qui n'aura son exécution qu'à la mort de la Donatrice. Donc, cette donation, à titre de donation à cause de mort, a saisi le Donataire au moment de la donation, en renvoyant l'exécution de cette donation à la mort du Donateur.

Je représentai au conseil tiers, qu'il étoit constant que la donation à cause de mort avoit lieu dans un Contrat de mariage, en vertu d'un usage autorisé par cet Article; mais que cet Article n'enlevoit point à la donation l'eſſence de la tradition, auſſi néceſſaire à une Donation réelle à cauſe de mort, comme à une Donation réelle entre-vifs. Que la Donation réelle à cauſe de mort, ſaiſiſſoit tellement le Donataire, & déſaiſſoit tellement le Donateur, qu'il n'y avoit que la révocation de cette donation qui pût lui rendre ſa premiere liberté : de façon que le Donataire étoit, 1°. ſaiſi d'une propriété réelle, ou feinte, de l'objet de donation; & 2°. que cette donation avoit pour point de vûe un objet certain & exiſtant lors de la donation : à la différence d'un Légataire, qui n'eſt ſaiſi que d'un objet incertain, & qui dépend de l'exiſtence de la choſe à la mort du Teſtateur. Que ſi une telle donation à cauſe de mort, ne donnoit qu'un objet qui dépendit de l'exiſtence de la chose à la mort du Donateur; ce n'étoit plus une Donation à cause de mort, mais bien un legs; parce que ce n'est pas des mots dont on enveloppe une clause, que dépend la chose; mais de la nature de la chose, que la clause renferme.

Mais il s'en faut de beaucoup, 1°. que la donation dont est question puisse jamais passer pour une Donation réelle à cause de mort; puisque l'objet de la donation n'avoit aucun fonds certain, & qui ait existé, ou au tems de la donation, ou à l'instant de la succession de la Donatrice; puisque dans ces deux circonstances de survie, la Donatrice n'avoit aucun immeuble, ni aucun bien clair & apparent, pour sureté de cette donation. 2°. Que la faculté de disposer n'avoit point été enlevée à la Donatrice; que, conséquemment, n'y ayant jamais eu aucune tradition, ni feinte, ni réelle ; une telle donation ne pouvoit être envisagée comme Donation réelle ; mais bien comme Donation-avantage.

Le conseil tiers a repliqué, qu'à défaut de tradition, le Donataire étoit saisi du droit d'hypotéque ; & que ce droit hypotécaire, relativement aux Contrats de mariage, équivalloit à la tradition réelle, ou feinte.

J'ai représenté, 1°. que l'hypotéque n'ayant lieu que par droit de suite, qui émane d'un titre hypotécaire ; ce droit n'avoit lieu que par un droit certain & constant. Or, si la donation présente ne pouvoit avoir lieu ; le droit hypotécaire, dont on le paroit, étoit un droit illusoire. 2°. Qu'il étoit très-nécessaire de constater l'objet qui donnoit lieu à l'hypotéque, avant de constater le droit d'hypotéque : or, la donation proposée, n'étant point une Donation réelle, mais un ſimple avantage qui dépend de la ſurvie du Donataire, & de l'exiſtence des fonds ſur leſquels la donation eſt à prendre à la mort de la Donatrice ; le droit d'hypotéque ne ſaiſiſſoit le Donataire qu'à l'événement de cette double condition ; puiſque ce n'étoit qu'à ce même événement qu'il avoit droit à la choſe ; que, conſéquemment, ce n'étoit que de ce droit acquis, que l'hypotéque avoit lieu en ſa faveur. 3°. Que dans une Donation réelle, ce n'étoit pas le droit d'hypotéque qui étoit l'objet d'une donation, mais la propriété dont le Donataire eſt ſaiſi, & le Donateur déſaiſi, au moment de la perfection de l'Acte de donation. Qu'au cas préſent d'une Donation mobiliaire, cette donation ne pouvoit donner que l'hypotéque ſur les fonds aſſignés pour la ſureté de cette donation ; mais qu'auſſi la liberté étant réſervée au Donateur d'en diſpoſer ; ſon droit d'hypotéque n'avoit lieu qu'à l'événement de la ſurvie, & de l'exiſtence des fonds admis à la ſureté de la ſomme donnée. Qu'à ces traits il étoit impoſſible d'admettre à cette donation le caractere de Donation réelle.

J'ajoutai à ces principes ſi conſtans, que la ſucceſſion de la Donatrice ſurvivante étant dépourvûe de biens immeubles, & de biens clairs & apparens ; la donation étoit caduque dès-lors ; & que, conſéquemment, cette caducité naiſſant de la clauſe même de la donation, donnoit tout le jour aux preuves de mes propoſitions affirmatives.

Le conſeil tiers m'a oppoſé, que cette donation étoit ſi réelle, que quand la Donatrice auroit eu, conſtant le mariage, des fonds dont elle eût diſpoſé avant ſa mort ; le Donataire, ou ſes héritiers, auroient ſuivis le fonds vendu par droit d'hypotéque. Je ne pus me rendre à cette déciſion ; parce que l'hypotéque ne peut ſuivre que le droit à la choſe : or, ce droit, ainſi que je viens de le dire, n'ayant de force qu'en cas de ſurvie, & d'exiſtence de la choſe à la mort du prédécédé ; l'hypotéque ne peut avoir lieu, avant le droit à la choſe. La tradition, eſſence de la Donation réelle au cas préſent, donne ce droit d'hypotéque au Donataire ; parce que la tradition forme l'eſſence de la Donation réelle. Mais la tradition n'ayant aucun lieu dans l'eſpéce propoſée ; l'hypotéque n'a plus lieu qu'à l'événement.

J'ai objecté l'Arrêt de 1688 (*a*), qui a jugé que ces Donations contractuelles étoient caduques par le prédécès du Donataire ; parce

(*a*) Voyez ci-devant, *p*. 469.

que ces donations ne ſont nullement des Donations réelles, étant dépourvûes de la tradition qui ſaiſit le Donataire, & déſaiſit le Donateur.

Le Conſeil tiers m'a oppoſé, que dans la donation qui a fait l'objet de cet Arrêt, il étoit queſtion d'une part d'enfant, qui eſt un droit ſucceſſif qui ne peut jamais être repréſenté que par le Donataire s'il ſurvit, & dont le prédécès rendoit la donation nulle, caduque, ou ſans effet.

J'ai repréſenté, que ſi une telle donation étoit un droit ſucceſſif; tout avantage contractuel étoit également un droit ſucceſſif; puiſque ces ſortes de donations n'avoient lieu que lors de l'ouverture de la ſucceſſion du Donateur; que conſéquemment, comme au cas préſent, le Donataire étant prédécédé, & ne pouvant être repréſenté; le droit ſucceſſif, auquel il auroit eu droit, s'il eut ſurvécu, réſultoit au profit des héritiers du Donateur, *jure accreſcendi* ; mais qu'il n'en pouvoit pas être de même d'une donation réelle entre-vifs, ou à cauſe de mort ; parce que le Donateur eſt déſaiſi de la propriété au moment de la donation ; que conſéquemment, l'objet de cette donation n'entroit jamais dans l'ordre des biens ſucceſſifs. C'eſt juſtement cette même diſtinction qui a fait rendre l'Arrêt de 1688. Cet Arrêt juge, que la part d'enfant donnée par Contrat de mariage étoit un droit ſucceſſif, qui ne pouvoit avoir lieu qu'à la mort de la Donatrice ; part, qu'auroit reçû le Donataire, s'il eut ſurvécu ; mais qu'il n'a pu recueillir, 1°. à cauſe de ſon prédécès. 2°. Parce que l'héritier du Donataire n'a pas, en ce fait, le droit de le repréſenter. C'eſt l'eſprit de toute Donation, avantage contractuelle, en renvoyant à la mort du Donateur, & le droit successif, & le droit à la chose, si elle existe dans la succession du Donateur. Mais si le Donataire prédécede; il n'a plus aucune part au droit successif que lui a donné le Donateur; & il ne peut être représenté par celui qui lui succede.

Ce n'est pas ici le lieu de considérer la donation, & son exécution; & de dire que la donation est valide, quand l'exécution seroit déférée à une condition. Quand la tradition que donne une donation réelle, est réelle; la donation a son exécution intégrale au moment même de la donation. Mais quand la tradition est feinte; la donation est valide, quoiqu'elle n'ait qu'en partie son exécution au moment de la donation; parce que le Donataire réel est saisi de la propriété; parce que le Donateur réel est désaisi de la faculté de disposer de l'objet donné : le reste de l'exécution s'opere à la mort du Donateur par le retour de l'usufruit, qui se consolide à la propriété ès mains du Donataire. Ainsi une donation réelle ne renvoye jamais cette double exécution à la mort du Donateur, parce qu'elle saisit; mais un simple avantage contractuel, qui ne saisit point.

Enfin, j'ai persisté à représenter, que les fonds sur lesquels la donation proposée étoit à prendre, n'avoient pour objets que des fonds immobiliers, & des biens clairs & apparens, s'il s'en trouvoit à la succession de la Donatrice : que ne s'en étant trouvé aucuns à sa succession ; cette donation étoit devenue caduque *ipso facto*; que, conséquemment, cette caducité enlevoit, & le droit à la donation, & le droit à l'hypotéque ; tant relativement au prédécès du Donataire; que

que relativement au défaut des biens affectés à l'objet de donation.

Le conseil tiers m'a opposé, que, nonobstant ce défaut ; la volonté de *donner* étant aussi expliquée qu'elle l'est au Contrat de mariage ; le droit d'hypotéque suivoit le Donataire, ou son héritier, sur les meubles de la succession, quoique non exprimés ; indépendemment de l'événement de la survie de la Donatrice.

J'ai objecté, que cela ne se pouvoit suppléer au cas présent ; puisque le meuble & le mobilier de la Donatrice étoient affectés précédemment à une donation mutuelle, même en toute propriété ; que, conséquemment, l'affectation du don fait sur les immeubles & biens de la succession n'avoit pu être poussée jusqu'aux meubles & mobilier, même dans l'intention des Parties contractantes. Si cette disposition eut pu avoir lieu ; les Contractans, 1°. auroient dérangé l'ordre de leur Donation mutuelle ; en enlevant cette formalité essentielle du don mutuel, qui consiste dans l'égalité ; 2°. que, conséquemment & par les termes de la donation dont il s'agit, l'affectation du don n'étant que sur l'immeuble & le bien, on ne pouvoit la pousser plus au loin ; 3°. que vû la clause précédente de la Donation mutuelle, il étoit impossible d'étendre cette affectation sur le meuble & le mobilier de la Donatrice ; 4°. que l'on doit expliquer les Actes dans le propre sens que présente le texte de l'engagement, & non suivant les cas d'une difficulté qui change l'état des choses. *Semper in contractibus id sequimur quod actum est* ; qu'enfin, il est de principe certain que l'hypotéque n'a aucun droit de suite, ni sur le meuble, ni sur le mobilier.

Telles ont été les raiſons débattues de part & d'autre, dont je fais juge le Lecteur, qui ne ſera pas fâché de voir l'application des principes que j'ai développé dans cette ſuite des Clauſes contractuelles.

Il me reſte à fixer ici le ſentiment de mes Controverſiſtes, tel qu'ils ont bien voulu me permettre de le rendre. Ils conviennent unanimement de mes principes; mais, 1°. qu'il eſt néceſſaire de leur donner une étendue moins rigide dans l'ordre des Contrats de mariages. 2°. Que la donation dont il s'agit, n'eſt, à la vérité, ni une Donation réelle, ni une Donation-avantage; mais une donation qui tient le milieu entre ces deux donations pour faciliter l'union contractuelle. 3°. Que, quoique cette donation ne ſoit, ni réelle, ni avantage; elle emprunte, & la qualité de la Donation réelle, qui lui donne le droit de ſaiſir le Donataire *ſans tradition*; & la qualité d'avantage, pour n'avoir lieu qu'à la mort du Donateur, nonobſtant le prédécès du Donataire. Auſſi appellent-ils cette ſorte de donation, une donation *innommée*. Dans le même ſens, ajoutent-ils, que les anciens Juriſconſultes Romains appelloient Contrats *innommés*, des Actes nouveaux, qui n'étoient point encore connus dans le Commerce ordinaire de leur gouvernement politique.

Je peſe avec trop de ſcrupule le ſentiment de mes Anciens, pour m'oppoſer à de telles licences juriſconſultes, qui me paroiſſent être le privilege de l'expérience. Je n'ai pas moins d'ardeur qu'eux-même à perpétuer l'union conjugale; mais en admettant, pour clauſes, celles qui ne ſont point oppoſées, non à la pudeur, ni à la vertu, qui forment, ſelon eux, la définition de *bonnes mœurs* : (car, en ce cas, une clauſe de cette nature ſeroit, & une clauſe à jamais inadmiſſible, & un attentat puniſſable) mais en admettant, dis-je, & des clauſes conformes aux Coutumes, qui ſignifient *bonnes mœurs* ; & des clauſes conformes aux Loix. Conſéquemment je penſe qu'il ne faut point innover ſur les clauſes de nos Peres, & donner lieu à des donations *innommées*, à des donations ſans nom, ſans qualité, & ſans nature.

La Donation réelle, la Donation-avantage, ſont autoriſées par nos mœurs. Le Citoyen a le droit du choix : mais le choix fait ; la donation qu'il admet ne peut ſe rapporter qu'à l'une, ou à l'autre ; il eſt impoſſible même qu'elles ne s'y rapportent. En voici la preuve ſenſible.

Quand la donation renvoye à la mort du Donateur, & à des objets de ſa ſucceſſion, s'ils s'y trouvent ; cette donation eſt marquée au coin de l'avantage ; &, pour avoir le droit de s'en ſaiſir, il faut admettre la ſurvie du Donataire; parce que, 1°. l'héritier du Donataire ne peut repréſenter le Donataire à titre de droit ſucceſſif. 2°. Le Donataire n'étant point ſaiſi de ſon droit à cauſe de ſon prédécès ; l'héritier n'eſt, conſéquemment, ſaiſi d'aucun droit, relativement à l'objet de l'avantage.

Quand la Donation emporte tradition, & que le Donateur eſt déſaiſi de la faculté de diſpoſer de l'objet donné ; une telle donation eſt une Donation réelle, qui ne dépendant plus de la ſurvie du Donataire, ni du droit ſucceſſif du Donateur, ſaiſit l'héritier de l'objet de donation, même en cas de prédécès du Donataire.

Ceci me paroît, & plus ſimple, & plus intelligible, que de changer la nature des Actes, &

d'avoir recours à donner à ces nouveautés un nom, une qualité, & une nature amphibie & *innommée*, qui ne ſignifient jamais rien, & troublent toujours l'ordre de la ſociété. Ces deux donations, autoriſées dans nos mœurs, &, comme j'ai dit, arrachées à la Juriſprudence, ne donnent-elles pas une aſſez ample matiere aux Conjoints, ou de ſe témoigner leur tendreſſe, ou d'étendre leur ſurpriſe ?

LEmpereur Auguſte, pour ranimer les unions légitimes dans l'Empire Romain, a été le premier inventeur de ces Clauſes *innommées*. A-t-il opéré plus d'unions ? Non ; mais plus de déſordre dans les familles, & toujours le renverſement de ces Loix primitives & ſacrées de la République. Qu'operent dans nos mœurs ces donations licentieuſes ? Elles ne forment point plus de mariages qu'il s'en formoit avant les Contrats de mariages ; mais le mariage est devenu, non une union ; mais un trafic, qui cause le renversement total du droit des gens. Une cupidité effrénée, un trouble constant dans la société, un défaut considérable d'enfans, font périr la population ; (une ample Donation contractuelle souffre à regret un enfant qui l'enleve au Donataire.) Enfin, le divorce intérieur & trop souvent extérieur des unions de nos jours, nous prouvent que l'époque de ces maux, est celui des licences contractuelles.

L'expérience ne nous convaincra-t-elle jamais, que ce n'est que dans le bon ordre & dans la vertu que consistent, & le vrai bien, & le bien politique ? Laissons à Aristote les rêveries des qualités occultes, & aux Jurisconsultes Romains la brillante imagination d'un Contrat *innommé*.

La parfaite considération que je me fais honneur de porter au sentiment

ſentiment de mes Confreres, & auſſi éclairés, & qui joignent à leur lumiere une plus ancienne expérience, m'a engagé de ſouſcrire à leur avis, quoique contraire à mon opinion. La raiſon qui m'a déterminé, a été, que le but de cette conſultation étoit d'empêcher les héritiers de part & d'autre d'entrer en procès. Dans ce point de vûe, j'ai cru devoir me refuſer à tout ce qui pouvoit être un obſtacle à la tranquillité des Parties conſultantes. Je donne ici raiſon de ma détermination, afin que l'on ne m'oppoſe point ma propre déférence, comme un attentat contre ces véritables principes que je me ſuis efforcé de développer, & deſquels on ſera vivement pénétré; 1°. quand on voudra quitter ce funeſte préjugé, *que le caprice donne lieu aux Clauſes d'un Contrat de mariage, quand ce caprice n'altere point les bonnes mœurs, qui comprennent tout, excep-*

té ſeulement ce qui peut bleſſer la pudeur & la vertu ; &c, 2°. que l'on voudra bien diſtinguer la Donation réelle, de la Donation-avantage.

SUITE

DU CHAPITRE IV.

De l'inégalité de pouvoir entre les Conjoints, relatif à la faculté de disposer.

ON sent parfaitement, que le mari ayant le pouvoir de disposer de ses biens, comme l'objet d'une Donation-avantage de propriété, & que la femme n'ayant pas ce même pouvoir; tout est à gagner de la part du mari, & tout est à perdre du côté de la femme. Conséquemment, l'égalité étant éteinte; la donation est sûrement nulle. Aussi pour obvier à cette inégalité; les Contrats de mariage, qui renferment de telles donations, acordent-ils aux femmes une étendue de pouvoir & d'autorisation de la part du mari, qui va souvent jusqu'à l'indécence de contredire une Loi inviolable, relativement à la femme, & toujours jusqu'à l'extravagance. Je suis en état d'en présenter des exemples. D'après ce préalable, on forme une exclusion de Communauté. C'est ainsi qu'on croit l'égalité complette entre les Conjoints.

Mais quelle erreur! 1°. Cette autorisation générale est interdite dans notre Jurisprudence; parce qu'elle contredit ouvertement la Loi. 2°. Cette autorisation générale est sans effet dans le cours ordinaire des choses! Personne n'acquerera jamais d'une femme, sous puissance de mari, sans une autorisation spéciale de la part de ce même mari. Ces faits sont constans! L'expérience le prouve. Si le contraire arrivoit, l'acquereur seroit bien-tôt évincé, même par le fait de la femme. Bien loin donc que cette autorisation générale rémédie à cette inégalité ; il eſt démontré que l'égalité de pouvoir ne pouvant jamais avoir lieu ; ces donations ſont directement reprouvées par notre Juriſprudence, plutôt qu'elles ne ſont autoriſées. Quand on dit donc qu'elles ont lieu ; il faut diſtinguer. Dans les Contrats de mariage qui n'éclatent point aux oreilles des Magiſtrats, *Concedo*. Mais quand ils éclatent ; je doute, avec fondement, qu'elles puiſſent jamais y trouver un accès favorable ; vû l'inégalité de puiſſance ſur la faculté de diſpoſer des biens, relativement à la femme, dont le mari refuſera conſtamment toute autoriſation qui le dépouilleroit des objets de ſon avantage mutuel : auſſi le mari la lui refuſe toujours, en la renvoyant à cette autoriſation générale dont elle s'eſt contentée dans ſon Contrat de mariage ; autoriſation qu'il ſçait bien ne pouvoir jamais produire aucun effet, malgré l'étendue qu'il lui a donné. Auſſi l'étendue d'une telle autoriſation, eſt plutôt une ſurpriſe, qu'un pouvoir réel.

Cette égalité de pouvoir diſpoſer, eſt donc impoſſible. Reprenons à préſent, en ſous œuvre, l'objet de l'inégalité de biens, qui eſt toujours un défaut ; défaut dont nos Auteurs n'ont point encore parlé aſſez ſérieuſement.

DE L'ÉGALITÉ DE BIENS.

Tous nos Auteurs conviennent, dans le cas de Donation-avantage de propriété, qu'il faut une perfection d'égalité. On ne peut trop reſſerrer les bornes de ces donations ; puiſque tout le monde convient, qu'elles ſont contraires à la Loi & aux diſpoſitions de la Coutume de Paris, & aux autres qui lui ſont conformes en ce fait. Nos Auteurs, à ce ſujet, ſe diſputent ſur l'éégalité des biens en nature ; de façon qu'il faut, ſelon eux, terre pour terre, héritage pour héritage, rente pour rente, & toujours de même nature. Je ne leur diſputerai rien à ce ſujet ; parce que cela me paroît fort indifférent. Il ſuffit, ſelon moi, que les biens ſoient immeubles, ſoit réels, ſoit fictifs. On voit que je ſuis plus indulgent que mes Anciens, ſi l'égalité s'y rencontre. Mais quand ſe fait l'ouverture de cette égalité ? C'eſt ce que j'aurois voulu que nos Auteurs nous euſſent appris.

L'ouverture de cette égalité ſe fait-elle lors du Contrat de mariage, ou à la mort du prédécédé ? C'eſt ici un point des plus important. Si l'égalité doit avoir lieu dès le Contrat de mariage ; toutes ces donations n'exiſtent déja plus. Voilà le ſecret de la ſageſſe la plus conſommée de notre reſpectable Juriſprudence ; laquelle, ſans défendre, ni autoriſer des mœurs nouvelles que la cupidité enfante ; les resserre dans des bornes si étroites ; qu'il est souvent égal, après de mûres réflexions, d'admettre, ou de ne pas admettre, ces sortes de Clauses.

En effet, la plupart des Contrats de mariage, qui renferment ces donations, ne peuvent nous instruire de cette égalité ! Le mari & la femme sont pris à leurs droits ! Comment connoître cette égalité ? Souvent les droits du mari sont de vains titres, & des droits chimériques ! Souvent ses possessions ne sont que précaires ! Souvent la proye de ses Créanciers. (*a*) Le mari, outre cela, peut disposer de ses biens, ou les grever de dettes ! Si cela a lieu pendant le cours du mariage ? l'égalité est donc perdue ; parce que la femme n'a pas la même

(*a*) Voyez ce que j'ai dit à ce sujet au premier Tome de mes Essais de Jurisprud. p. 192.

faculté. Tout cela, cependant, eſt inconnu à la femme. La Juriſprudence la rendroit-elle la victime d'une telle inégalité; en prenant l'ouverture de cette égalité par les termes d'un Contrat de mariage ? Non aſſurément.

L'égalité ne peut donc s'eſtimer qu'à l'ouverture de la ſucceſſion du prédécédé ; & c'eſt-là auſſi le ſentiment de la Juriſprudence. Les Auteurs, dont je parle, confirment ce ſentiment par une diſpute qui s'eſt élevée entre eux. Les uns veulent, que l'inégalité, à la mort du prédécédé, étant conſtante ; la donation ſoit déclarée nulle. Les autres veulent, qu'elle ait lieu, ſeulement juſqu'à concurrence de l'égalité. Or, de telles eſtimations ne peuvent ſe faire qu'à la mort du prédécédé. Donc, l'ouverture de cette égalité dépend de la mort du prédécédé. C'eſt auſſi en effet le tems de l'ouverture des droits, & le tems où ſe doit faire l'eſtimation de cette égalité.

En partant de ce principe ; il faut donc convenir, que l'eſtimation de l'égalité ne dépend, ni du Contrat de mariage, ni du cours du mariage ; puiſque la Donation-avantage laiſſe toujours la propriété aux Conjoints ; mais à la mort du prédécédé, à l'inſtant auquel tout eſt conſommé à cet égard ; puiſque ce n'eſt que de cet inſtant que le Donataire acquiert ſon droit.

En partant de ce principe ; il faut encore convenir, que ces donations ſont chimériques ; puiſque ſi à l'inſtant de la mort du prédécédé, l'égalité ne ſubſiſte plus ; la donation eſt nulle de plein droit.

L'égalité ne peut avoir lieu par le Contrat de mariage, puiſque la Donation-avantage n'a lieu que ſur les biens qui exiſteront lors de la mort du prédécédé, & non ſur des biens qui n'exiſtent pas encore lors du Contrat de mariage; puiſqu'indépendamment des raiſons que j'ai avancé plus haut, qui rendent l'exiſtence de ces biens fort incertaine; il eſt sûr, que les biens à venir, faiſant partie de cette Donation-avantage, n'exiſtent pas encore : d'ailleurs le mari a la faculté de diſpoſer; la femme ne l'a pas dans le cours du mariage; conſéquemment, l'égalité ne peut pas encore ſubſiſter. Or, en argumentant ſur cette impoſſibilité d'égalité; il faut décider ſur la nullité de telles donations, & en renvoyer la déciſion au tems de la mort du prédécédé, pour décider de l'égalité.

Que la Juriſprudence, à la mort du prédécédé, convaincue de l'inégalité des biens des Conjoints, ſe détermine; ou à regarder la donation comme nulle; ou à la réduire à l'égalité, ſoit en la proportionnant aux forces du ſurvivant, ou aux forces de la ſucceſſion du prédécédé; cela m'eſt fort indifférent. Je ne m'amuſerai point à diſputer des termes; c'eſt toujours, ou une donation nulle, ou une donation réduite. En ce cas, on ne verra plus les héritiers de la femme victimes de ces ſortes de donations qui ont été ſurpriſes par le mari. En ce cas, on ne verra plus le mari profiter de la fortune d'une femme, ſous le prétexte d'une donation que la Juriſprudence répudie elle-même. En ce cas, enfin, l'héritier de la femme aura ſoin de combiner l'égalité du mari, & n'aura plus à redouter qu'une dépoſſeſſion égale à ſa fortune actuelle.

Mais de ſçavoir ſi la Juriſprudence déclarera nulle une telle donation; ou ſi elle la réduira? je m'en rapporte à ſes lumieres & à ſa déciſion. Cependant, elle voudra bien me permettre, en qualité d'Interprete de ces mêmes Loix, dont elle est la ſage manutentionnaire, de propoſer ici quelques réflexions qui me ſont décidemment pancher pour la nullité de la donation. J'ai en ma faveur Me Argou, ſur l'Article du Don mutuel, ſur lequel il parle de l'égalité, que je rends ici relatif aux donations dont il s'agit; parce que le Don mutuel porte avec lui ſon égalité de biens. Cet Auteur eſt affirmatif; & bien loin d'affecter de nouvelles difficultés, il réſout toutes celles qui ſont faites, dans un précis & une netteté peu commune.

Premiere Réflexion. Toutes donations que la Loi & la Coutume permettent, ſont réductibles; parce que l'Acte eſt permis. Ces donations ne ſont jamais nulles, que quand ils ſont d'une nature contraire à la Loi, ou à la Coutume; parce que le Citoyen n'a fait, en contractant, que ce qu'il pouvoit faire. Mais la quantité de ces donations peut être réduite, quand le Contractant a été au-delà de la faculté que la Loi & la Coutume lui ont permis. C'est ce qui arrive souvent dans le cas des Testamens. Si la nature des Legs est contraire à la Loi; nulle difficulté pour déclarer cet Acte nul; mais si le Testateur a fait des dispositions qui puissent nuire, ou être au-delà de ce que la Loi, ou la Coutume prescrivent? Les Legs seront réduits, cela est sans difficulté, sans rendre le Testament nul. C'est à la sagesse de la Jurisprudence à décider sur toutes ces différentes réductions.

Au cas présent, la réduction me paroît impossible; parce que bien loin qu'il y ait une Loi, ou une disposition dans la Coutume de Paris, & les autres qui lui sont semblables, qui permettent ces donations; au contraire, l'une

& l'autre les répudient par leur silence, & par la faculté de donner, qu'elles ont borné entre Conjoints, à la seule donation mutuelle, & en usufruit. La Jurisprudence répudie aussi ces Donations-avantages, au moyen du cercle étroit dans lequel elle a fixé le plan de leur formalité. Il est donc sans contredit, qu'une telle donation, qui sort des limites qui lui sont prescrites, est, par cela seul, nulle ; parce que le Contractant n'a point usé d'aucun droit qui lui fût donné. Au contraire, il a suivi le mouvement d'une cupidité personnelle, défendue par la Loi de sa Nation, & seulement tolérée dans le cas d'une juste proportion avec les formalités essentielles qui lui sont prescrites ; conséquemment, la réduction, qui supposeroit un puissance de donner valide, ne peut avoir lieu.

Une seconde Réflexion. C'est que

la Jurisprudence a attaché la validité de ces donations mutuelles à une égalité intégrale de biens; & non à une égalité proportionnelle. Or, dès que l'égalité intégrale est impossible; l'égalité proportionnelle ne peut être supplée. Donc, relativement à ce défaut essentiel; les donations mutuelles ne peuvent être réduites; mais sont nulles de plein droit.

Une troisiéme & derniere Reflexion. C'est que la Jurisprudence a mis de pair avec l'égalité intégrale de biens, l'égalité de pouvoir dans la faculté de disposer entre les Conjoints. Or, cette égalité de pouvoir est répudiée par les Loix & la Coutume. La femme, nonobstant ce beau titre, & toujours très-étendu d'autorisation, est sous la puissance du mari; elle ne peut disposer de ses fonds, sans une autorisation particuliere qu'elle n'aura jamais; donc, une telle égalité est impossible; donc,

ces

ces Donations-avantages de propriété mutuelles, ſont nulles de plein droit.

Il réſulte donc de ceci, 1°. que le ſyſtême général de pouvoir rendre les Contrats de mariage ſuſceptibles de toutes ſortes de Clauſes, eſt viſiblement faux en ſoi. 2°. Que la Coutume eſt la ſeule regle de nos diſpoſitions, à l'effet de ne rien comprendre dans ces ſortes de Contrats qui puiſſe la contredire. 3°. Que tout ce qui a été innové, eſt plutôt une condeſcendance, comme dans les donations mutuelles; ou une violence faite à la Juriſprudence, comme dans l'objet des Donations-avantages; puiſqu'elle a elle-même reſſerré ces deux eſpeces de donations dans des bornes ſi étroites; puiſqu'elle les a aſſujetti à des formalités ſi dures; qu'il eſt preſque impoſſible d'en pouvoir faire uſage. Auſſi je prie d'obſerver, que les mêmes principes ont lieu concernant l'égalité; tant à l'égard des Donations-avantages qui emportent le droit de propriété, qu'à l'égard des donations mutuelles qui n'emportent que le simple usufruit.

Si l'esprit de la Jurisprudence paroît ici, avec éclat, comme tolérance qui lui a fait admettre ces donations mutuelles; quel est celui qui l'a conduit à admettre les Donations-avantages personnelles, qui ne sont & ne peuvent être assujetties aux formalités d'égalité?

Je comprens peu les raisons qui ont animé la Jurisprudence dans l'admission des Donations-avantages personnelles. Voici cependant celles qui me paroissent les plus favorables à sa tolérance. 1°. Si la donation est faite par le mari à sa femme, ce qui est très-rare; la Jurisprudence la souffre d'autant plus volontiers, que le mal n'est pas contagieux. 2°. C'est que cette donation ne lui enlevant point ſon droit de propriété ſur l'objet donné, il peut le vendre & en diſpoſer à ſa fantaiſie. De ſorte que ſi ce bien donné exiſte dans ſa ſucceſſion ; c'eſt une preuve qu'il a préféré ſa femme à tout étranger. La famille du mari ne peut pas être en droit de ſe plaindre de ce que cette femme lui enleve ſon droit héréditaire ; parce le mari auroit pu en diſpoſer en faveur de tout autre. 4°. Enfin, c'eſt que ces donations ne ſont pas toujours de la totalité ; mais d'une partie ſeulement. C'eſt un fait dont l'expérience nous donne des exemples.

Si la donation eſt faite par la femme au mari, quoique le droit de propriété lui ſoit réſervée ; la faculté de diſpoſer, ſera, 1°. ſans aucun effet, à cauſe du défaut d'autoriſation particuliere du mari, qu'il refuſera conſtamment. 2°. Il y a une incertitude dans la tradition du don ; (cette tradition dépend de la ſurvie du mari & du prédécès de la femme.) Cette incertitude n'enleve pas l'eſpérance à la famille de la femme. Enfin, mille circonſtances peuvent rendre à la Juriſprudence cette donation plauſible, & je crois que ces circonſtances ſont eſſentielles à conſidérer. Par exemple, une femme épouſera un homme ſans biens ; cet homme craint que le prédécès de ſa femme ne le mette en pire état, parce qu'il aura monté ſa maiſon ſur le bien que ſa femme lui aura apporté : eſt-il juſte qu'il retombe dans l'indigence par le prédécès de ſa femme ? Pour y obvier, la femme lui fait une donation ; elle ne peut lui faire, ni donation mutuelle, ni Donation-avantage mutuelle, parce que le mari n'a rien. La femme uſe donc de prudence & de ſageſſe en faiſant au mari une donation-avantage perſonnelle. Cependant, on peut prévenir qu'il ſuffiroit, en ce cas, d'une Donation perſonnelle uſufruitiere. Ceci, au ſurplus, dépend plus de la prudence des Contractans, que d'une méthode réfléchie. Tout ce que j'ai droit de recommander; c'eſt de ſuivre exactement l'eſprit de la Juriſprudence; c'eſt de bannir toute idée de bas intérêt, de vile cupidité; de faire de cette union un commerce de tendreſſe & de prudence; & non un trafic de cupidité; &, enfin, de ſe reſſouvenir, ſans ceſſe, que les Romains ont défendu ces donations par ces motifs, & ſur-tout par la crainte de borner la fécondité des femmes donatrices.

Parlons à préſent des Donations réelles, ou *mera donatio*; & voyons ſi elles ſont davantage ſuſceptibles des Clauſes des Contrats de mariage.

CHAPITRE V.

Des Donations contractuelles & réelles.

SI je me flatte d'avoir déve-loppé l'esprit de la Jurisprudence, dans le cours qu'elle laisse aux donations dont je viens de parler ; je ne crois pas pouvoir percer le mystere qui donne cours à celles-ci. Car, enfin, il n'est pas possible de se dissimuler, que ces Donations réelles sont des avantages nuisibles aux familles des Donateurs ; qu'elles sont la source de ces ravages domestiques ; suites inévitables de la passion des hommes. Je ne peux me cacher, ni cacher à ma Nation, les craintes trop bien fondées qui les ont fait rejetter de l'Empire Romain. Peut-on se persuader que nos Coutumes, qui n'ont admis qu'un avantage usufruitier des seuls biens d'une communauté, pour conserver l'union des familles, le bien du Citoyen, le droit du sang & de la nature, ayent pu nous induire, par leur silence, à cette espéce de donation, qui réunit en elle tous les désordres que nos Coutumes, & les Loix Romaines, n'ont cessé d'appréhender?

La Jurisprudence seroit-elle d'accord avec cette nouveauté monstrueuse de nos mœurs actuelles? Quel blasphême! si j'osois seulement le penser. Encore une fois; malgré le secret que renferme la Jurisprudence à ce sujet; craignons d'attaquer sa sagesse, sa lumiere & sa prudence. Elle veille au soin de tous! C'est une mere! & une mere attachée à des enfans qui se dévorent dans le secret, & dont la voracité est un crime qui lui est peut-être inconnu jusqu'ici. Pénétrons les dehors; & mettons la Juriſprudence à portée de connoître nos maux, & d'y remédier.

Ne nous imaginons pas que la Juriſprudence ſoit inſtruite des actes du Citoyen, parce qu'ils ſont paſſés en uſage. Cet uſage peut être commun; ſans que la Juriſprudence ſoit cenſée en être inſtruite. Elle dévoile ces myſteres; quand le trouble, que ces actes excitent, éclate dans la ſociété. Et ce trouble éclate, quand les plaintes lui en ſont adreſſées. Or, il eſt paſſé en uſage, que les Contrats de mariages ſont ſuſceptibles de toutes clauſes! Cet erreur adoptée, engage le Citoyen dans la clauſe des donations. Le trouble exiſte à la vérité; mais les plaintes ne paroiſſent point. En ſuppoſant cependant que la plainte eût lieu; la Juriſprudence adopteroit-elle ces donations? Voilà le point de la queſtion.

Deux raiſons perſuadent, que la

la Jurisprudence ne feroit point droit sur la plainte, ou sur la question proposée de la Donation contractuelle, au point de rendre nulle, une telle Donation réelle & contractuelle ; 1°. parce que cette donation étant insérée dans un Contrat de mariage, cette donation est faite en vûe du mariage, sans lequel elle n'auroit pas été faite. 2°. Les Loix Romaines ne défendent, dit-on, ainsi que nos Coutumes, ces donations que constant le mariage ; tems auquel les avantages directs, & indirects, sont généralement défendus.

Si nous adoptons à l'esprit de la Jurisprudence de déterminer comme valide, une Donation réelle & contractuelle, parce qu'elle est insérée dans un Contrat de mariage, & insérée en vûe du mariage ; il faut convenir que voilà ce mal dangereux de trafic, & de commerce, introduit dans nos mœurs, par l'aveu même de la Jurisprudence. Qui oseroit donner à la Jurisprudence un pareil sentiment? Aussi, sans insister sur cette raison qui répugne, je passe à la seconde.

Les Loix Romaines, dit-on, ainsi que les Coutumes, ne défendent ces dons que constant le mariage : leurs termes sont trop expressifs pour donner lieu au doute! J'en tombe d'accord. Mais d'autres raisons me démontrent évidemment, que leur prohibition a en vûe, par ces termes *constant le mariage*, tout Acte qui a rapport à l'union du mariage; parce que, 1°. la prohibition qu'elles font de pouvoir donner, a pour motif d'empêcher la destruction des familles, suite inséparable de ces donations. 2°. La crainte fondée du desavantage qui résulte de ces donations envers les familles, &c.

envers l'honneur du mariage. 3°. Enfin, c'eſt que la Loi, ainſi que la Coutume, ne ſuppoſent jamais un Contrat préalable & particulier entre les Conjoints, l'une & l'autre lui ſervant de Contrat; ou, quand elles le ſuppoſeroient, elles n'ont jamais entendu que le Citoyen prît une faculté, autre, que celle qu'elles lui accordent. Expliquons ces trois raiſons qui me paroiſſent peremptoires.

La prohibition faite aux Conjoints de ſe donner, a pour premier point de vûe, tout Acte fait entr'eux en vûe du mariage. Or, le Contrat de mariage n'a point d'autre point de vûe que l'union du mariage; donc, la prohibition faite aux Conjoints de ſe donner, doit avoir une force égale à l'Acte du mariage, comme à l'Acte conſtant le mariage.

On tentera d'éluder cette vérité, par la liberté dont jouissent les Contractans, lors du Contrat de mariage; liberté qu'ils n'ont plus, dit-on, lors de l'union du mariage. De quelle liberté sont privés les Conjoints lors de leur union? Est-ce de celle de ne pouvoir s'avantager au-delà de la faculté, que la Loi & la Coutume leur permettent? Hors ces cas ils sont également libres, soit avant, soit après l'union contractée. En quoi est donc renfermée cette étendue de liberté qu'on leur attribue avant l'union? A faire tout ce qu'ils veulent, dit-on! à se donner tout ce que bon leur semble! Je le veux. Mais convenons, 1°. que cette liberté indéfinie a pour objet l'union contractuelle; 2°. que c'est cette union contractuelle qui donne la force à cet Acte; 3°. que sans cette union, l'Acte est comme non avenu. C'est donc constant le mariage que cet Acte a sa force; c'est donc constant le mariage qu'il a son exécution. Or, il est défendu de se donner constant le mariage. Donc, un Acte qui avantage, & qui ne peut avoir son exécution que constant le mariage, est un Acte répudié, & par la Loi, & par la Coutume; &, enfin, répudié par la Jurisprudence. Si on ose ajouter, que ce Contrat est une suite d'engagement, sans lequel l'union n'auroit jamais été faite; ce Contrat est donc un trafic, & un commerce. Quels excès de desordre & de prévarication! Mais cette liberté de la femme, est, comme nous l'avons déja dit plus haut, une liberté chimérique. Quand elle donne par ce Contrat, elle est déja dans les liens du pouvoir marital; puisqu'elle ne donne que relativement à l'autorisation que le mari lui donne par une clause qui précéde la donation.

La prohibition faite aux Conjoints de ſe donner, a pour point de vûe la crainte fondée du deſavantage qui réſulte de ces donations envers la Nation, envers les familles, envers l'honneur du mariage. Examinons ſi cette crainte n'a pas lieu, autant relativement au Contrat de mariage, que relativement à l'union contractée.

La premiere des Loix Romaines que nous avons cité plus haut, a pour premier objet de crainte, la ſpoliation des Conjoints. Je demande à toute perſonne ſenſée, ſi une donation compriſe dans un Contrat de mariage, comme dans un Acte *conſtant le mariage*, ne dépouille pas également l'un des Conjoints, dans le même point de vûe d'enrichir l'autre; puiſque cet Acte n'a ſon exécution que conſtant le mariage; de façon que l'on peut dire, lors de l'union, que le ſpoliateur épouſe, à deſſein de faire ſubſiſter celui qu'il vient de ſpolier.

La ſeconde Loi renferme deux objets de crainte bien fondés. La premiere crainte, eſt l'extinction des enfans. Dans quel tems cette crainte eſt-elle plus plauſible; ſi non dans les commencemens d'une union dont la cupidité a ſerré les nœuds! La ſeconde crainte qu'imprime cette même Loi, eſt la vénalité des mariages. Quel tems plus à craindre pour cette vénalité, que le tems d'une liberté prétendue plus étendue! Tems, dis-je, d'un Contrat de mariage qui précéde l'union conjugale, & qui a en vûe cette même union.

La troiſiéme Loi renferme une crainte encore bien fondée; & à l'égard de l'Etat, dont les biens changent de main, contre ſes conſtitutions; & à l'égard des familles, qui ſe trouvent dépouilliées des droits du ſang, & de la nature, contre les principes conſtitutifs de la Nation. Or, ce deſavantage, envers la Nation, & envers les familles, ne réſulte-t'il pas autant de la force d'un Contrat de mariage, que de la force d'un Acte conſtant le mariage! Or, ce deſavantage n'a-t'il pas ſon exécution, autant par le Contrat qui le précéde, que par un Acte conſtant le mariage. Donc, ces prohibitions renferment exactement tout ce qui a ſon exécution conſtant le mariage! Donc, la parité étant égale entre un Contrat de mariage, qui n'a ſon exécution que conſtant le mariage; & un Acte conſtant le mariage, qui ne produit pas un autre effet : la prohibition doit être égale.

La derniere Loi, enfin, que j'ai cité, ne porte-t'elle pas une prohibition litterale au mari, de recevoir de ſa femme, comme ſujette à ſon autorité. 1°. Le Contrat de mariage, ai-je déja dit, emporte ces caracteres d'autorité du mari ſur la femme; puiſque la femme ne donne que par la force de l'autoriſation que le mari lui a déja donné par ce Contrat; ſans cette autoriſation, la donation ſeroit nulle. Le mari fait donc Acte d'autorité, dès ce moment du Contrat. Donc, le Contrat eſt égal dans ſa nature, ſoit avant, ſoit conſtant le mariage; puiſque la donation, qui y eſt inſérée, tire ſa force de l'autorité du mari. 2°. On ne peut nier, que l'exécution de cette donation n'ait lieu que conſtant le mariage, où l'autorité du mari, & la ſervitude de la femme ont lieu. Donc, la prohibition, fondée ſur l'autorité du mari, & la ſervitude de la femme, doit néceſſairement & eſſentiellement avoir lieu, par la force de ces mêmes Loix. Donc, la diſtinction d'un Acte *avant ou conſtant le mariage*, qui renferme les mêmes prévarications que les Loix répudient, étant chimérique & illuſoire; cette prohibition doit avoir lieu, tant relativement au Contrat de mariage, que relativement à tout Acte conſtant le mariage.

Mais que répondre à des gens qui n'ont d'autres reſſources que dans les termes; c'eſt-à-dire, qui, ſans envisager l'eſprit des choſes, ſe renferment uniquement dans les mots; car il eſt certain que les Loix & les Coutumes ſemblent ſe réunir pour ne parler que des Actes conſtant le mariage.

Les Loix Romaines ne s'expliquent point à ce ſujet; c'eſt une remarque importante qu'il eſt néceſſaire de faire. Les Coutumes, à la vérité, & ſur-tout celle de Paris, & celles qui lui ſont conformes, s'expliquent nettement, & disent *constant le mariage.* Or, le Contrat de mariage est un Acte hors mariage. Donc, ce qui est défendu constant le mariage, ne l'est pas hors mariage.

Quoique j'aye déja mille fois réfuté ce foible argument ; je veux y revenir pour lui porter le dernier coup. Pourquoi les Coutumes s'expriment-t'elles ainsi, *constant le mariage ?* C'est qu'elles-mêmes sont le Contrat de mariage qui précéde l'union, comme les Loix Romaines étoient le Contrat de mariage du Citoyen Romain. Ces deux Contrats généraux de chaque Empire, constituent aux Conjoints, avant leur mariage, leurs droits, leurs préciputs, leurs avantages : conséquemment, les Conjoints n'ont aucun besoin de Contrat particulier. Ainsi la Coutume ayant prévû à leur sureté avant leur engagement, n'a pu leur faire de défenſes de contracter enſemble, que *conſtant le mariage*. Voilà la raiſon des termes que ces Coutumes ont employées, *conſtant le mariage*, qui ſurprennent la crédulité de nos Contractans ! Elle eſt toute ſimple cette raiſon ; cependant elle enfante des monſtres qui ſe réduiſent en pouſſiere à la lumiere de la vérité.

Mais à quoi ſervent donc les Contrats de mariages ? dira-t'on. A rien ! Oui, je le répéte ; à rien du tout. Car ces Contrats, pour être conformes aux bonnes mœurs, ou aux Coutumes, doivent ſe renfermer dans le tableau général que leur préſentent ces bonnes mœurs, ou ces Coutumes, qui font la Loi de la Nation. En ce ſens, les Contrats ſont inutils. Je dis plus ! Ces Contrats ſont des Contrats dangereux ; puiſque, par expérience, nous voyons qu'ils ſont employés à anéantir l'eſprit des Loix, & à rendre impuiſſantes & illuſoires leurs diſpoſitions. Auſſi ces Contrats n'ont-ils été inventés que pour nous donner connoiſſance d'un Douaire préfixe, qui donne lieu à tant de conteſtations, & à tant de ſurpriſes & de fraudes; & toujours à une liberté plus étendue de donner, que la Coutume ne permet aux Conjoints dans la faculté de diſpoſer de leurs biens! à une connoiſſance de Clauſes qui engendrent ces motifs de ſéparation! à une connoiſſance de Donations que les Loix, & les Romains trop libres dans leur ſentiment, ont cependant eu en horreur & en exécration! à une connoiſſance, enfin, qui tend à rendre les mariages un objet de trafic & de commerce; un objet deſtructif de la Nation, des familles, des Conjoints même; objets qui, tous enſemble, deshonorent l'Etat & la Religion, & font retentir le ſein des familles,

& les Tribunaux, de leurs larmes, de leurs discordes, de leurs procès, & de toutes les suites funestes & inséparables de ces malheureuses & trop fécondes Clauses contractuelles. Les Contrats de mariages sont utils pour décider des propres fictifs; des immeubles fictifs; de l'étendue d'une communauté; & de tout ce qui a rapport à ces objets dans nos mœurs présentes, qui n'avoient point lieu précédemment. Voilà leur seule utilité.

Je prie un chacun de me pardonner; si je me sens moi-même si vivement pénétré de douleur, à l'aspect des maux que craignoient les Romains & nos Coutumes. L'intérêt de la Nation; l'amour des familles; l'union réelle & véritable des Conjoints, me rendent toujours sensible aux desordres qu'ils pourront ressentir. Si la moitié de mes Concitoyens ne veut pas m'être indulgent; je ſuis ſûr de l'accueil favorable de l'autre moitié; puiſque dans tout Contrat de mariage, qui renferme ces triſtes Clauſes de Donations réelles, il y a une famille qui ſe réjouit des larmes & de la douleur de la famille ruinée. J'abandonne la premiere partie à ſa joie immodérée. Je viens au ſecours de la douleur de la ſeconde partie; & j'accours eſſuyer ſes juſtes larmes.

La Juriſprudence, qui n'admet qu'avec peine ces ſortes de Clauſes contractuelles, ne pourra que me féliciter de l'eſſor que je prens pour convaincre la Nation du tort que ces Clauſes lui font. Heureux, en mon particulier, ſi, aidé de ces connnoiſſances ſi prudentes, la rareté de ces Clauſes peut m'apprendre que cette même Juriſprudence ſe réjouit de ce que l'impreſſion de la vérité a plus fait ſur ſon eſprit; qu'une trop grande ſévérité, qu'elle ne peut employer, ſans déranger le cours ordinaire des Clauſes, qu'un trop long uſage ſemble demander de tolérer; &, qu'à tous égards, il ſeroit dangereux d'arrêter ſur le champ.

Que ces donations ayent cours; à la bonne heure! Qu'il ſoit libre au Contrat de mariage de les renfermer; à la bonne heure encore! Mais ces donations ont des régles particulieres; elles ſont aſtreintes à des formalités eſſentielles. Examinons-les.

Les Donations réelles contractuelles n'ont d'autres formalités à obſerver, que celles preſcrites pour rendre valide toute autre donation étrangere aux Contrats de mariages. L'eſſence, ou la nature de ces donations, conſiſte, 1°. dans l'objet donné, conſtant, certain, & qui déſaiſit ſur le champ le Donateur; de façon que l'héritier du Donataire hérite de ſon droit, indépendemment

ment des Clauſes de ſurvie de ſa part, ou de prédécès du Donataire. 2°. La tradition de la choſe donnée, doit être, ou réelle, ou feinte. (On appelle une tradition réélle, quand le Donataire eſt ſaiſi, au moment de la donation, & de la propriété, & de la jouiſſance de la choſe donnée. On appelle une tradition feinte, quand le Donataire n'eſt ſaiſi que de la propriété, & que la jouiſſance eſt reſervée au Donateur ſa vie durant.) 3°. L'eſſence de cette donation, conſiſte encore dans l'acceptation de la choſe donnée, de la part du Donataire; & encore dans l'inſinuation. L'Ordonnance de 1731 ſur les Donations, a diſpenſé les Donations contractuelles, en ligne directe ſeulement, de la rigueur de cette formalité (*a*); c'eſt-à-dire, que,

(*a*) Art. 19.

par cette Ordonnance, les donations ordinaires ne ſont valides, qu'autant qu'elles ſont inſinuées au Greffe de la Juriſdiction Royale, d'où relévent le domicile du Donateur, & l'aſſiéte des choſes données. (Cette formalité eſt ce qu'on appelle, *rigueur de l'inſinuation.*) Au lieu que les donations par Contrat de mariage, pour être valides, n'ont aucun beſoin d'être inſinuées au lieu du domicile des Parties contractantes; ſi la donation provient en ligne directe.

Il n'en eſt pas de même de toute autre donation, même contractuelle; elle doit ſubir la rigueur de l'inſinuation, à peine de nullité (*a*). Le tems de l'inſinuation eſt de quatre mois (*b*). On peut le proroger, à l'égard de toutes donations, même après la mort du Donateur; mais le

(*a*) Ibid. Art. 20. (*b*) Ibid. Art. 26.

tems intermédiaire ne peut nuire aux Créanciers intermédiaires ; puisque, jusqu'à l'insinuation, le Contrat de donation n'est pas parfait. Relativement aux Contrats de mariages, il faut que l'insinuation soit faite du vivant des Conjoints, le tems est également de quatre mois ; mais la femme sous puissance de mari, perdroit ses droits de donation que le mari lui auroit fait, si le repentir l'engageoit à ne point faire insinuer le Contrat de mariage qui exprime cette donation de sa part en faveur de sa femme ; c'est pourquoi on accorde à la femme quatre mois après la mort de son mari, pour lui donner lieu de rendre sa donation valide par l'insinuation ; ou un recours certain contre la succession du Donateur, du total de la Donation (*a*).

(*a*) Art. 28.

Ce délai me donne lieu de considérer une question relative à ce que j'ai dit plus haut sur la parité de la donation faite par Contrat de mariage, & la donation faite *constant le mariage*; & je demande ici, si la Donation contractuelle, recevant sa perfection par l'insinuation, & l'insinuation se faisant *constant le mariage*; si ce n'est pas donner une perfection à un Acte *constant le mariage*, pendant lequel ce Contrat de donation est prohibé? Car s'il est défendu, *constant le mariage*, de faire une donation entre Conjoints; à bien plus forte raison doit-il être défendu de donner, *constant le mariage*, une perfection à un Acte de donation fait en vûe du mariage, & qui n'a sa perfection que pendant le mariage. On peut joindre cette réfléxion aux précédentes, que les circonstances de l'insinuation m'ont fourni. Je reprens mon sujet.

Les Donations contractuelles sont bien plus étendues en objets, que les Donations ordinaires; puisque les Donations contractuelles peuvent renfermer les biens présens & à venir (*a*); ce qui est prohibé, à l'égard des Donations ordinaires, par cette même Ordonnance de 1731. L'héritier du Donataire est saisi également de ce double droit; 1°. parce qu'il est saisi par la succession du Donataire de la propriété des biens présens; & 2°. du droit aux biens à venir, dont le Donateur n'a pû disposer.

Je n'entrerai pas plus avant dans la discussion de l'essence & de la nature des Donations. Nos Auteurs nous donnent à ce sujet des maximes constantes de Jurisprudence, auxquelles nous pouvons nous attacher.

Outre ces formalités essentiel-

(a) Ordonnance de 1731, Art. 15 & 17.

les, qui forment la nature des Donations ; il y a des qualités requises pour donner la force à ces Donations, qu'on ne peut obmettre ; puisque, si ces qualités ne se rencontrent point, la Donation est nulle. Examinons-les ici avec une sérieuse attention.

SECTION PREMIERE.

Des qualités requiſes pour la validité d'une Donation en générale.

QUOIQUE les donations contractuelles ne ſoient point à diſtinguer des donations réelles & ordinaires ; parcequ'elles doivent renfermer les mêmes qualités intrinſéques ; cependant les donations contractuelles dépendent de quelques autres qualités qui leur ſont ſeulement relatives. C'eſt de celles-là même dont je vais entretenir le Lecteur ; parce qu'il eſt en état de s'éclaircir des autres dans une infinité de Livres qui traitent de ces qualités inhérentes aux donations ordinaires.

Les qualités requiſes pour la validité de toute donation contractuelle ſont, 1°. que les Conjoints ſoient en ſanté. C'eſt la diſpoſition de l'Article 280 de la

Coutume de Paris, en quoi different les donations ordinaires, qui ne requierent point une santé si parfaite ; c'est-à-dire, qu'une personne malade, & gissante même au lit, peut faire une donation valable entre-vifs, à moins qu'elle ne meure de la maladie dont elle étoit attaquée lors de la donation ; telle est la disposition de cette même Coutume, Art. 277. La Coutume de Sens, Article 107, limite l'espace entre la donation d'une personne malade & le tems de sa mort à quarante jours ; de façon que si le malade Donateur survit quarante jours, la donation sera valable. J'ai vû régner dans cette Province une ancienne erreur à ce sujet. On s'imagine qu'il faut que tout Donateur, soit en santé, soit en maladie lors de sa donation, survive quarante jours. Je ne sçai même si les anciens Annotateurs de cette Coutume, qui étoient imbus de ce préjugé,

préjugé, n'auroient pas dû conclure à exiger de la part du Donateur une garantie de ſurvie, juſqu'à ce délai. Mais que l'on faſſe attention que la Coutume s'explique nettement à ce ſujet, & ne parle que d'une perſonne Donatrice & malade au tems de ſa donation. Autrement ce ſeroit renverſer les regles du bon ſens & les principes des Actes de donation; le Donataire étant ſaiſi de droit à l'inſtant de la conſommation de l'Acte, & la bonne ſanté du Donateur étant toujours ſuppoſée. Mais entre Conjoints, il faut expreſſément, de la part du Donateur, une bonne ſanté; ſans elle, la donation ne pourroit valoir. Voici la raiſon de la Coutume, qui me ſemble convainquante; c'eſt que les donations ordinaires faites par perſonnes malades & giſſantes au lit, quand elles mourroient; ou de cette maladie qui les retient, ſuivant la Coutume de Paris ; ou dans l'eſpace des quarante jours ; ſuivant la Coutume de Sens ; ne pouvant valider comme donations entre-vifs, auroient, ſans être nulles, la faculté de valoir comme donations à cauſe de mort. Or, une telle converſion ne peut être ſuſceptible d'un Contrat de mariage, qui eſt une diſpoſition à cauſe de vie, & jamais une diſpoſition à cauſe de mort. Ces deux diſpoſitions étant donc incompatibles, relativement à un Contrat qui tend à l'union contractuelle ; une telle donation faite, en faveur d'un des Conjoints, par l'autre qui eſt malade, eſt nulle de plein droit ; ſoit qu'il décede de la maladie qui altere ſa ſanté au tems de la donation ; ſoit qu'il ſurvive quarante jours à ſa donation.

Une autre raiſon, c'eſt que les Contrats de mariages doivent être à l'abri de tout ſoupçon de ſurprises, de suggestions, de fraudes & de cupidité ; & comme le tems de la maladie est un tems susceptible de toutes ces impressions, que cet état entraîne avec lui ; il fournit, à présent surtout, la seule ressource qui nous reste pour attaquer ces donations, cumme l'ouvrage de la fraude, de la cupidité, de la surprise, & de l'intérêt ; de sorte qu'on peut légitimement les attaquer par ces foibles dehors, & se servir du moyen d'une *non-santé* du Conjoint donateur, pour proscrire ces sortes de donations ; surtout si ce défaut de santé est si notoire qu'il précipite au tombeau le Conjoint donateur ; soit d'une maniere prochaine ; soit d'une maniere éloignée.

Si la Coutume de Paris a admis cette nécessité de *santé* pour rendre valide une simple donation mutuelle usufruitiere ; à combien plus forte raison, une telle néceſſité ſera t-elle de droit, pour rendre valides les donations de propriété dont nous parlons.

La ſeconde qualité néceſſaire & abſolument requiſe pour rendre une donation contractuelle valable, même toutes donations; eſt, de la part du Donateur, d'être ſain d'entendement. C'eſt la diſpoſition de l'Article 272 de la Coutume de Paris. De ce nombre ſont donc exceptés les foux, les imbéciles, les furieux & les mineurs.

La Coutume ne dit point qu'il faut être d'un entendement ſain pour contracter mariage; mais pour faire une donation même mutuelle & contractuelle. L'Article 280 qui impoſe la néceſſité de jouir d'une bonne ſanté, impoſe auſſi celle d'un ſain entendement; c'eſt une ſuite néceſſaire pour diſpoſer par donation contractuelle. C'eſt pourquoi on n'admet jamais aux unions contracquelles les foux, les imbéciles & les furieux. Une famille, dont le ſang porte l'empreinte de ce dérangement malheureux d'une machine organiſée, trouve rarement place dans les unions conjugales ; à plus forte raiſon, ceux en qui ce dérangement eſt déja manifeſté. Mais, en cas que cette union ſe contracte ; à tous égards, les donations, de leur part, ne peuvent jamais valider. Quoique la Coutume admette le mineur à contracter l'union conjugale, lorſqu'il a atteint l'âge qu'elle requiert, ſans cependant être parvenu à celui de la majorité ; elle ne l'a jamais admis à contracter des Actes qui puiſſent le dépouiller. Or, comme une telle donation dépouille réellement le Donateur ; jamais la Coutume n'a penſé à admettre le mineur à la faculté de donner. La donation mutuelle, à la vérité, lui eſt permiſe,

1°. parce qu'elle se peut faire constant le mariage. 2°. Parce que le mineur qui se marie est émancipé de droit. 3°. Parce que la donation, au sens de la Coutume, ne dépouille aucun des Conjoints.

Il est intéressant de comprendre, que la faculté que la Jurisprudence accorde au mineur de pouvoir contracter une donation mutuelle par un Contrat de mariage, n'est point l'effet du mariage qu'il contracte; mais celui de l'émancipation que cette Jurisprudence a accordé au mineur qui se marie.

Qu'on ne s'y trompe pas! le mariage n'accorde que la faculté de l'union, & non aucune autre faculté civile. Les Conjoints reçoivent ces facultés, non de l'union conjugale, mais de la Loi & des Coutumes. Ce n'est donc point l'union conjugale qui regle leur puissance & leur faculté, mais cette même Loi & ces mêmes Coutumes.

Suivant ce principe incontestable ; suivons ce que la Coutume de Paris accorde de faculté aux mineurs, relative aux Actes civils, pour nous disposer à reconnoître la faculté qu'ils reçoivent dans l'ordre du lien conjugal ; c'est ce que j'examinerai dans l'instant, après avoir conclu sur cette seconde qualité intrinséque requise pour la validité de toutes donations contractuelles.

Il faut donc, de toute nécessité, être sain d'entendement pour contracter tous Actes de donations, même les contractuelles. Qu'y a-t-il en effet, qui exige davantage cette pureté d'intelligence, qu'un Acte qui nous dépouille de nos droits, de nos espérances & de notre propre bien, sans aucun retour & pour toujours ; & non-seulement nous, mais nos familles & nos héritiers ;

qu'un Acte qui nous enleve toute faculté de disposer ; & nous jette, de libres que nous étions, dans la plus cruelle dépendance & la plus infortunée servitude qui fut jamais. *Donare, id est, perdere.*

La troisiéme & derniere qualité essentielle pour rendre valide, soit une donation entre-vifs, soit une donation contractuelle ; c'est la faculté de contracter de telles donations. Or, une telle faculté n'est pas toujours donnée à ceux qui jouissent d'une bonne santé, & à ceux qui peuvent être sains d'entendement. Les mineurs, avec ces précieuses prérogatives de la nature, sont incapables de contracter aucune donation réelle. Cette incapacité légale mérite ici une attention particuliere.

SECTION II.

De l'incapacité des Mineurs dans l'objet des Donations réelles & contractuelles.

ON a ſans doute été ſurpris d'avoir trouvé les donations réelles & contractuelles autoriſées dans nos mœurs actuelles, en faveur des majeurs, contre l'intention & même contre la prohibition des Loix & des Coutumes. De quelle ſurpriſe ne ſera-t-on pas ſaiſi; quand on verra que les mineurs s'arrogent cette faculté, même dans l'âge le plus incapable? De quel étonnement ne ſera-t-on pas frappé; quand on verra cette faculté attribuée aux mineurs, & autoriſée par des Juriſconſultes, ſur un uſage conſtant, & qui devient plus commun, à meſure qu'il acquiert plus de force au fond de ſon obſcurité.

Un tel uſage ne me paroît pas encore avoir été porté dans les Tribunaux ! La Juriſprudence a droit de l'ignorer. Mais cet uſage n'en eſt pas moins conſtant ; au point, que d'en diſputer la validité, eſt aujourd'hui une erreur formelle. L'expérience toute récente que je viens de faire ſur cette queſtion, eſt une des raiſons principales qui m'a porté à ajouter à la queſtion du Douaire, l'explication des principales Clauſes contractuelles qui ſont la matiere de cette Partie.

On fonde ce ſentiment ſur trois principales raiſons. La premiere, c'eſt qu'un mineur étant capable de contracter l'union conjugale, eſt capable de contracter tous Actes qui y ſont relatifs. Or, comme, ſelon ces Interpretes, le Contrat de mariage eſt ſuſceptible de toutes ſortes de Clauſes ; le mineur & le majeur ont parité de faculté.

La ſeconde, c'eſt qu'un mineur ne contracte jamais ſeul dans ces ſortes d'Actes ; mais en la préſence & ſous l'autoriſation expreſſe de pere, mere, tuteur, ou curateur.

La troiſiéme, enfin, c'eſt qu'il faut ſuppoſer, ſi le don du mineur vient de la dot de pere & de mere ; que ce don n'a été par eux fait à leur enfant mineur, qu'à deſſein du don envers ſon Conjoint ; de ſorte que c'eſt le pere ou la mere qui donne, plutôt que le mineur.

Quelques incroyables que puiſſent être de ſemblables raiſonnemens ; ils ont cependant lieu, au point, que je ſuis forcé de les mettre au jour.

Juſques ici on a été très-vivement perſuadé que l'homme, auſſi foible qu'impuiſſant, auſſi imbécile qu'ignorant dans les premieres années de ſon enfance, étoit incapable de tout Acte civil.

Jusques ici on a été très-surement convaincu, que ce n'est que par le laps des années, que ce même homme parvient aux connoissances de l'esprit, & à la solidité du jugement & des forces du corps; dans les uns, les opérations de la nature sont plus tardives; dans les autres, elles sont plus précoces. Le sexe même, dans l'un & l'autre cas, n'attend jamais le nombre des années. A tous égards cependant, l'un & l'autre sexe n'a une pleine puissance dans le commerce de la Société, qu'à l'âge de vingt-cinq ans, qui est l'âge auquel les Loix ont cru devoir finir le terme de leur incapacité.

Mais depuis la sortie de l'enfance, jusqu'à cet âge de maturité connûe, fixée à vingt-cinq ans; il y a un espace trop long à parcourir, pour ne pas rendre l'un & l'autre sexe capable de quelque utilité à la Société. C'est aussi ce que les Loix ont réglé.

L'enfance est un état d'impuissance à tous égards ; mais le tems développant les dégrés de maturité, fait parvenir l'homme à cet état d'adolescence, qui signifie *croître*, à cet âge de puberté auquel les Loix ont cru pouvoir accorder la faculté de contracter mariage ; & cet âge est celui de douze ans pour les filles, & de quatorze pour les mâles.

La puberté suppose les forces nécessaires pour la fin du mariage, qui est la procréation des enfans ; mais cet âge ne suppose pas toujours cet entendement sain qui est nécessaire pour contracter un Acte de mariage. La Coutume supplée à son impuissance, & lui sert de Contrat ; cependant la Jurisprudence lui a accordé cette faculté que la Coutume lui a refusé. Voyons sur quoi elle fonde cette habileté.

Il est constant, parmi nous,

que le mariage émancipe. C'eſt le premier droit dont la Juriſprudence inveſtit le pubere; parce que le mariage donne droit à un ſage gouvernement, dont le mineur, ſimplement mineur, eſt incapable. Ce n'eſt donc point le mariage qui donne ce droit; ce n'eſt donc point la Coutume; c'eſt la Juriſprudence; c'eſt la Loi du Magiſtrat; c'eſt, en un mot, le droit que l'émancipation accorde au mineur qui entre dans l'union conjugale.

Quel eſt le droit d'un mineur émancipé? C'eſt celui de gouverner ſon bien par lui-même, & celui de diſpoſer à ſon gré du revenu de ſes biens; c'eſt cette faculté qui a donné lieu à la Juriſprudence d'admettre le mineur qui ſe marie à la faculté du majeur, relative à celle qu'elle lui accorde de pouvoir ſtipuler dans un Contrat de mariage une donation mutuelle; non celle que la Jurisprudence a étendu à la donation de ses propres biens ; mais à celle qui prend sa source dans la disposition de la Coutume, & qui a pour objet l'usufruit de la Communauté ; c'est-à-dire, le revenu du travail commun, appellé chez les Romains. *Pécule*, dont le mineur étoit le maître de disposer, sans aucune autorisation. Mais l'émancipé n'a aucune faculté de disposer d'aucune propriété, tant de ses biens paternels, que de ses biens acquis. En cela, nos mœurs different de celles des Romains, qui accordoient aux mineurs la faculté de disposer de la propriété de tout pécule.

Suivant ces principes incontestables, il n'est pas possible, malgré ce prétendu usage du contraire, d'admettre le mineur à la faculté indéfinie du majeur ; c'est-à-dire, à la faculté des donations contractuelles, qui enlevent la propriété ; parce que ce pubere n'est encore qu'émancipé.

A mesure que ce pubere avance en âge, la Coutume & la Loi augmentent ses facultés ; semblables à la nature, elles fortifient les droits d'un mineur. Aussi, à vingt ans, elles lui donnent la faculté de pouvoir donner en propriété ses meubles. C'est la disposition de l'Article 272 de la Coutume de Paris, qui dit à la fin. *Et néanmoins celui qui* se marie, *ou qui a obtenu bénéfice d'âge entériné en Justice, peut, ayant l'âge de* vingt ans accomplis, *disposer de ses meubles.*

La Loi est si clairement exprimée, qu'elle n'a besoin d'aucun Commentaire. Comment donc pouvoir la contredire, & donner à un mineur la faculté de pouvoir contracter des Clauses de donations réelles ? On voit dans cet Article la liaison du mineur qui se marie, avec l'émancipé.

Celui

Celui qui se marie n'est qu'émancipé; l'émancipé n'a que la faculté de disposer, 1°. du revenu de son bien à l'age de vingt ans; (encore faut-il qu'ils soient accomplis;) il peut, 2°. disposer de ses meubles. Le pubere qui se marie, a la faculté de donner l'usufruit de sa communauté, & à vingt ans accomplis, ses meubles seulement. Où il y a parité de qualité, il y a incontestablement parité de faculté. L'usage prévaudra-t-il jamais contre une Loi si précise?

Les Interpretes du droit illimité des mineurs dans le cas d'un Contrat de mariage, forment deux sortes de Commentaires. Voici le premier. La nécessité de l'âge de vingt ans, pour avoir la faculté de disposer seulement de ses meubles, n'a lieu que relativement à l'émancipé, & non au Contrat de mariage. C'est donc mal-à-propos, que l'on rend cette intention de la Coutume relative au mineur qui se marie. Je perdrois mon tems à relever une pareille erreur, le texte de la Coutume releve suffisamment ce raisonnement, qui, j'ose dire, n'est pas de bonne foi. *Celui qui se marie*, dit la Coutume, *ou celui qui a obtenu bénéfice d'âge ... peut, ayant vingt ans accomplis, disposer de ses meubles.* Qu'on lise donc avant de raisonner. C'est la moindre chose que j'aie droit d'exiger. Passons au second Commentaire.

Cet autre Commentaire, ainsi que le premier, n'ont pour but que de soutenir, en faveur du mineur, cette faculté illimitée qu'ils attribuent au majeur dans l'objet des donations réelles : & comme la Coutume & la Loi s'opposent à ces efforts; ces Interpretes cherchent à détourner, ou à anéantir les sens & même la lettre de l'une & de l'autre. Aussi, par ce second Commentaire, ils disent que ces mots, *celui qui se marie*, veulent dire, *que celui qui est marié*, ne peut donner, en faveur d'un tiers, que la propriété de ses meubles. Double erreur. La premiere est condamnée par la Coutume, qui dit, *celui qui se marie*, & non celui *qui est marié*. La seconde, est également condamnée par la Coutume qui parle d'une donation contractuelle, & non d'une donation faite à un tiers. Eloignons d'ici des réflexions qui nous démontreroient, combien sont souvent absurdes ces Commentaires de mots & d'usages, que l'on veut faire prévaloir sur le texte même de la Loi. Je ne nommerai pas ces Commentateurs & ces Interpretes; c'est tout ce que je peux faire en leur faveur.

Pour se résumer ici à l'égard de l'incapacité des majeurs dans l'objet des donations réelles, même contractuelles; je dis,

1°. que le pubere n'a d'autre faculté que de s'unir, à cet âge, par les liens du mariage; & que comme ces liens donnent au pubere la faculté de l'émancipation; la Jurisprudence lui a accordé la faculté du don mutuel. 2°. Que ce pubere, à l'âge de vingt ans, peut disposer de ses meubles en toute propriété, non à titre d'homme qui se marie, mais à titre d'émancipé; qualité qu'il reçoit de la Jurisprudence, fondée sur cet Article de la Coutume 272.

Mais comment la Jurisprudence pourroit-elle admettre une faculté indéfinie au mineur, relativement aux donations réelles; elle qui ne l'admet que par tolérance en faveur du majeur; elle qui attend un moment favorable pour reprendre la rigueur de la Loi.

Mais, dira-t-on, cette tolérance a pour principe l'étendue

des mariages. Cela peut être, Mais je nie, & je nie hardiment, que ce faux principe ait tout l'effet qu'on en attend ; car, en ce cas, l'origine de l'extenſion du mariage ſeroit une deſtruction de la Loi de la Nation ?

Au fond, les mariages furent-ils plus fréquens à Rome, dès que les Ordonnances des Empereurs changerent la conſtitution des dots, ainſi que je l'ai fait remarquer plus haut ? Non certainement. Les mariages devinrent plus intéreſſés ; &, par cela ſeul, moins communs. La République primitive s'eſt-elle jamais plainte de la rareté de ces unions ? Les Germains, incapables de ſe laiſſer aller à cette vile cupidité, ſe ſont-ils jamais plaints de la rareté de cet union ? *Quanquam ſevera illic matrimonia, &c.* dit Tacite. Au contraire, ils étoient plus fréquens que de nos jours ; & leur ſévérité qui ne mérite ce terme, que relativement aux mœurs corrompues des derniers Romains & des nôtres, ne mérite-t-elle pas l'éloge du plus vertueux de tous les hommes, *nec ullam morum partem magis laudaveris*, dit encore Tacite, dont je parle. Solon a-t'il ralenti le feu des unions conjugales, en défendant de ne chercher à s'allier, que dans les maisons des riches? Les mariages sont-ils plus communs dans nos mœurs que du tems de nos Peres, où la Coutume servoit de Contrat? Non, non, notre cupidité nous séduit! Je les crois plus rares ces mariages, & toujours moins tendres, depuis que ces Clauses ont été inventées; car, par ce moyen, ceux qui n'ont rien, ne pouvant rien donner, ne peuvent se marier. La cupidité a enfanté le faste! Le faste a distrait le travail commun; & le grand secret des mariages, n'est plus l'union des cœurs, mais la translation des fortunes. Quittons cet effrayant tableau, & attendons ſans impatience le tems heureux, que la ſageſſe de la Juriſprudence ramenera à l'âge de nos Peres, en détruiſant la ſource de ces alliances contractées par l'uſage du commerce & du trafic, auſquels cette faculté indéfinie a donné lieu.

Je reviens aux objections dont j'ai prévenu au commencement de cette Section, qui ſont les moyens ſur leſquels ſe fondent les partiſans de cette faculté indéfinie, relativement aux mineurs.

Le mineur, dit-on, étant capable de contracter l'union conjugale, eſt capable de contracter tous Actes qui y ſont relatifs. Donc, les mineurs ont cette faculté indéfinie des Clauſes de donations réelles dans le même dégré du majeur.

On vient de voir, précédemment, le faux de cette objection, & que la Coutume qui a donné au mineur la faculté de se marier, lui a limité la faculté de contracter. Je passe à la seconde objection.

Le mineur, dit-on, ne contracte jamais seul; il contracte en présence & sous l'autorisation de ses pere, mere, tuteur, ou curateur.

Cette objection prouve justement le contraire du sentiment de ces Interpretes; que dis-je, elle le ruine dans ses fondemens. 1°. Cette objection prouve que le mineur n'a qu'une faculté empruntée; conséquemment, qu'il n'a aucune faculté à cet égard par lui-même. 2°. Cette nécessité de présence & d'autorisation prouve que le mineur est lié malgré le mariage. Or, le moindre lien constate une réelle servitude; comment donc lui adopter la faculté indéfinie du majeur.

Mais raisonnons. Les pere, mere,

mere, tuteur, ou curateur ont-ils une faculté indéfinie à transſmettre à leur mineur? Leur faculté, à cet égard, n'eſt-elle pas bornée par la Loi? On ne peut ſe refuſer à l'affirmatif de ces deux propoſitions. Conſéquemment, à quoi ſe borne leur faculté? A ſervir à leur mineur d'interprete de la Loi. Or, la Loi défend au mineur ces donations de propriété. Donc, ni pere, ni mere, ni tuteur, ni curateur ne peuvent donner à leur mineur une faculté qui tende à mépriſer la Loi; mais ſeulement à leur faire contracter mariage; à leur faire faire un don mutuel; &, à vingt ans, à les autoriſer à donner leurs meubles. Mais comme le mineur ne peut aller au-delà; ceux qui l'autoriſent ne peuvent auſſi franchir ces bornes.

Les pere, mere, comme tuteurs naturels, les tuteurs & curateurs peuvent autoriſer leur mineur à recevoir; mais non à se dépouiller, *donare id est perdere.* Le mineur peut même, sans aucune autorisation, recevoir par lui-même; mais non donner.

Toutes Clauses contractuelles sont licites, pourvû qu'elles soient conformes aux bonnes mœurs, & aux Loix. Quoi de si opposé aux bonnes mœurs, que de donner aux mineurs, foibles de jugement & d'intelligence, susceptibles d'être les dupes des surprises & des fraudes, la faculté de disposer indéfiniment de leur propriété? Quoi de si opposé aux bonnes mœurs, que de rendre un enfant la victime de l'ambition & des autres passions des pere, mere, tuteur, ou curateur! Quoi de si opposé aux Loix, que de donner au mineur, & à ceux qui l'autorisent, une puissance qu'elles refusent expressément aux uns & aux autres.

Enfin, disent ces Interpretes

par une derniere objection, il faut ſuppoſer, que ſi le don fait contractuellement par le mineur eſt un effet de la dot des pere ou mere ; c'eſt une condition tacite de cette dot.

Je répons, 1°. que, dans cette ſuppoſition, il faut écarter de cette faculté de donner, les mineurs qui ſe marient ſur leurs droits acquis ; c'eſt déja un terrain de gagné ; car vis-à-vis d'eux, cette ſuppoſition ne peut avoir lieu.

2°. Pour reſoudre à fond cette queſtion : je dis, qu'il eſt de droit conſtant, que l'on ne peut jamais ſuppléer à aucune Clauſe, *Expreſſa nocent, non expreſſa non nocent.* Quoi de plus ridicule que de vouloir s'arroger le droit de contracter pour un tiers, & de ſuppléer encore des conditions que les Contractans n'ont eu, ni volonté, ni deſſein de convenir. Cette ſuppoſition eſt donc une idée chimérique & abſurde.

Mais en ſuppoſant que cette condition fût inſérée dans l'Acte ; ce ne ſeroit plus un don fait à l'enfant ; mais un don fait au Conjoint par forme de fidei-commis. Ce que jamais nos Loix & nos Coutumes ne peuvent permettre ; parce que réellement l'objet de trafic, & de trafic indirect, ſeroit, & trop déterminé, & trop criant, pour ne les pas irriter contre de telles Clauſes, & contre des pere & mere ſi parricides, qui dépouillent leurs enfans au moment qu'ils leur donnent un jour, qu'à peine peuvent-ils connoître.

Mais, enfin, en ſuppoſant cette condition poſſible ; jamais une telle Clauſe ne pourroit valoir ; parce qu'avant que ce don paſſe au Conjoint qui doit le recevoir ; il faut qu'il paſſe à celui qui doit donner. Or, quand ce don eſt une fois paſſé ès mains d'un mineur, il ne peut plus en ſortir ; le pere

& la mere, comme tuteurs naturels, ne peuvent en donner la libre dispofition à leur mineur. Donc, cette suppofition ne peut être qu'abfurde ; parce que le tuteur ne peut jamais autorifer le mineur à donner la propriété de fes biens ; encore moins le forcer à cette donation, par une suppofition indécente qui tire fa force d'une condition encore plus indécente.

Cette fuppofition eft, à tous égards, ideale ; car jamais on ne me prouvera que cette condition foit appofée dans aucun Contrat de mariage, relativement aux dots des pere & mere, données à leurs enfans. Ce feroit d'ailleurs une condition furprife à la foibleffe des mineurs, qui ne pourroit qu'irriter la Loi contre des parens parricides ; puifqu'elle tend à les depouiller, à l'inftant, d'une portion de leur droit héréditaire qui ne peut leur échaper.

Enfin, dit-on, c'eſt le privilege des Contrats de mariage. Mais un privilege eſt toujours la ſuite d'une Loi prohibitive. Le privilege ſuppoſe une Loi primitive qui exclut d'une faculté, que le privilege tempere ! Ce n'eſt donc que contre une Loi que le privilege a lieu ! Or, où eſt la Loi qui ait donné lieu au privilege du mineur, & qui lui ait étendu, à cet égard, ſa faculté au même dégré du majeur. La Loi qui limite la faculté du mineur eſt conſtante. Où eſt donc la Loi qui abroge cette premiere. Un uſage, dira-t-on ? Mais quel uſage ? Il eſt nouveau à l'égard du majeur; parce que la rédaction des Contrats de mariage n'eſt pas ancienne ? Celui qui regarde les mineurs eſt encore tout nouveau, celui-là même qui réſerve ces Clauſes de donation contractuelle a leur diſpoſition, eſt encore au berceau; je ſuis le premier qui met cet uſage au grand jour. Un uſage, le meilleur que l'on puiſſe enviſager, peut-il être aſſez autoriſé pour avoir le droit de déroger à une Loi préciſe ; à une Loi poſitive, ſuivie d'une Juriſprudence conſtante ? Un abus, enfin, pourra-t-il jamais tenir lieu de privilege ?

D'après ces principes, que l'on ne peut s'empêcher d'avouer & d'enviſager comme certains ; je vais démontrer que ce que je viens de dire ſur l'incapacité du mineur, n'eſt point une queſtion métaphyſique ; mais un être conſtant : c'eſt-à-dire, que cette queſtion ; bien loin d'être une queſtion vague ; eſt une queſtion fondée ſur des faits ſi certains, qu'elle donne matiere à un Procès actuellement pendant en la Cour, dont voici le fait.

En l'année 1720, le Sieur de B.... a épouſé la Demoiſelle B.... de S. L.... Le Sieur de B....

étoit âgé d'environ quarante ans ; & la Demoiselle de S. L.... étoit âgée de treize à quatorze ans. Leur Contrat de mariage, passé devant les Notaires du Châtelet de Paris, en date du 21 Septembre de l'année 1720, porte, 1°. une exclusion de communauté. 2°. Une autorisation générale & indéfinie, en faveur de la future épouse, de *vendre*, *aliéner*, *hypotéquer* ; enfin, de disposer, à son gré, de tous ses biens, généralement quelconques. Ne sont-ce pas là de ces autorisations générales qui contredisent nettement les Loix de la Nation ? Ne sont-ce pas là de ces autorisations inutiles ? puisque la femme n'en a pas plus de pouvoir. La suite des tems l'a bien démontré à la Demoiselle de S. L.... Mais cette autorisation générale n'aura de terme, pour être mise à effet, que les Clauses du Contrat de mariage.

En effet, les Sieur & Dame de S. L.... dotent leur ſille unique de la ſomme de trois cent mille livres, ſans aucune condition impoſée à la Donatrice, de donner cette Dot à ſon futur mari. L'acceptation faite par la mineure, de cette Dot de ſes pere & mere, & au moyen de l'autoriſation bien générale & bien étendue de la part du mari ; cette mineure donne cette même Dot à ſon futur époux, en toute propriété, au cas qu'elle prédécéde ſans enfans. Je paſſe ici différentes clauſes qui ont une relation intime avec cette Clauſe contractuelle. Je n'ai pas deſſein de donner ici un Mémoire de l'Affaire ; mais de raconter un fait. Le Mémoire paroîtra en ſon tems.

La Dame de B.... prédécéde ſans enfans. Le Sieur de B.... ſon mari, fait aſſigner les héritiers de ſa femme, pour voir déclarer exécutoire contr'eux la délivrance de cette ſomme de trois cent mille livres, portée en Donation en ſa faveur, par ſon Contrat de mariage. Il les aſſigne encore à voir déclarer contr'eux exécutoires des Tranſactions qu'il a paſſé conſtant le mariage avec cette femme, qui pouvoient abſorber le reſtant du bien héréditaire qu'elle avoit retiré des ſucceſſions de ſes pere & mere. Si cette demande pouvoit avoir lieu; le Sieur de B.... pourroit ſe flatter d'avoir impunément tranſgreſſé la Loi & les Coutumes expreſſément prohibitives de tels avantages.

Sur cette aſſignation, les héritiers paternels ſe conſultent ſur l'objet de la Donation, & ſur celui des Tranſactions. Je ne parlerai point de ce qui a rapport aux Tranſactions; je ne ſors point de mon objet de la Donation. Comme conſeil des héritiers du côté maternel, on me fait part d'une Consultation d'un de mes Confreres, dont les lumieres me paroissoient capables de former une décision.

Cette Consultation, dont je parlerai dans un instant, décidoit la Donation bonne & valable. J'en fus frappé! J'éprouvai même une forte résistance à me rendre à cette délibération qui se trouvoit inconciliable avec les principes que je viens de développer. Cependant je ne pouvois croire que Me. Be.... se fut déterminé à donner ce conseil, sans y être bien fondé. Je suspendis mon jugement jusqu'à ce que je pûs trouver occasion de conférer avec lui.

Avant cette conférence, je pris le parti de consulter quelques Anciens de mes Confreres, qui avoient, ainsi que lui, suivi le Châtelet avec assiduité. Tous se trouverent de l'avis de Me. Be...

Je demandai des raiſons ; elles me furent rendues ; elles ſont les mêmes que celles dont je viens de faire part. Je me raſſurai pour lors, voyant la foibleſſe de ces raiſonnemens, & la prétendue force que l'on tiroit d'un uſage prétendu conforme à la Clauſe du Contrat de mariage dont je parle.

Je ne m'en tins pas là ; je conſultai au Palais. Je vis les ſentimens partagés. Mes raiſons départirent enfin ceux qui me combattoient. Je vis pour lors la Loi ſe faire jour au Palais ; pendant que je ne pouvois percer au Châtelet les nuages, dont ce droit d'uſage prétendu couvroit la Loi.

Je conſultai encore d'anciens Notaires, qui joignent une expérience conſommée à la ſageſſe des lumieres que cette Communauté s'efforce d'acquerir dans cette Capitale de notre France. Tous me dirent, qu'à la vérité cette Clauſe entre mineurs devenoit commune, & que cet uſage prévaloit conſtamment ſur la Loi; deſorte que, lorſqu'il étoit queſtion de contracter ces Clauſes, ils ſe croyoient obligés, en conſcience, d'avertir les Parties contractantes de l'invalidité de cette Clauſe, & de ſon contradictoire avec l'Article 272 de la Coutume de Paris, que j'ai rapporté plus haut.

Muni de ces connoiſſances ſi ſages & ſi prudentes; je me déterminai à conférer avec Mᵉ Be.... Je lui demandai en effet quel étoit la raiſon de ſon avis ſur la donation de Madame de B.... Il me répondit franchement, 1°. qu'il s'étoit déterminé ſur ce qu'on lui avoit dit, que par le Contrat de mariage, cette mineure avoit été dotée par ſes pere & mere ſous cette condition. Et, 2°. qu'on lui avoit dit que cette dot étoit une dot fictive. Après lui avoir démontré que cette condition étoit une Clauſe ſuppoſée, & que quand elle y auroit été exprimée, jamais une telle condition n'auroit prévalu, surtout au cas de minorité; après lui avoir fait voir, qu'aux termes du Contrat de mariage, cette dot n'étoit nullement fictive. Il eut la politesse de me remercier de mes observations, & de ne me pas refuser la permission que je crus qu'il étoit de la bienséance de lui demander pour m'autoriser à combattre ouvertement sa Consultation.

Les choses en sont restées en cet état; si cette affaire a lieu, je rendrai compte du jugement qui aura décidé la contestation (*a*).

(*a*) J'ai été appellé en consultation dans le cours de ces Vacances dernieres avec ce même M[e] Be... Je fus charmé de le trouver pour mon Antagoniste. J'avois à soutenir les Clauses de ces mêmes donations, que je fondai sur les principes précédens. Je fus surpris, à la vérité, de le trouver changé, & de rencontrer dans lui un puissant protecteur de mes principes, & un destructeur impitoyable des mœurs de l'usage que je combats ici. Telle est l'inconstance de l'homme, quand il s'appuye sur le foible soutien d'un usage qui tend à favoriser la passion des hommes.

A tout événement, le Lecteur eſt en état de décider la queſtion, & de ſentir qu'une telle donation eſt marquée au coin de la réprobation.

Une autre erreur, non moins conſidérable que les premieres, & qui tire ſon origine de ces uſages funeſtes, & que j'oſe dire criminels envers l'Etat, envers la Nation, & envers la Société; eſt de penſer que la ſurvenance d'enfans ne peut rien opérer qui puiſſe détruire ces donations contractuelles.

Pourroit-on croire que l'on s'appuye en ce fait ſur la Juriſprudence. Si cela étoit, je ne pourrois héſiter de dire que le Magiſtrat eſt conſtamment ſurpris.

Pour prouver ce fait, je ne m'amuſerai point à diſcuter les pernicieuſes maximes de nos Auteurs, dans l'art de propoſer des doutes; j'ai déja dit que ces Auteurs nous rendoient tout obſcur, par cette maniere de s'expliquer. Mais j'avance ici, avec confiance, qu'ils ſont devenus les ſources malheureuſes des conteſtations & des uſages de nos jours. J'avouerai qu'ils n'avoient point cette intention ; mais en vérité, pouvoient-ils s'empêcher de penſer que leur doute ne fit naître & perpétuer de nouveaux doutes ; & que de doute en doute, ils parviendroient à jetter, & les Tribunaux, & le Barreau dans un Pyrrhoniſme ſi étendu, que les ſeules conſidérations tiendroient lieu de Juriſprudence.

Le tems eſt arrivé ! L'ignorance de la Loi eſt un titre de *Bel-Eſprit* ! Un ſtyle romaneſque, eſt le goût du ſiécle ! Un Brillon (*a*) à la main tient lieu du Code & du Digeſte ! Un Dictionnaire de mots ſert d'étude & de fondement aux aſſertions. Nos

(*a*) Dictionnaire des Arrêts.

grands

grands Juriſconſultes du ſiécle dernier ſont dans le mépris ! Leurs veilles, leurs travaux, leur étude conſommée dans l'eſprit des Loix, ſont à nos yeux comme un de ces délires qui affecte la Société. Peut-on être ſurpris de voir la Loi plier ſous l'effort des circonſtances ! Le crime eſt juſtifié, & la vertu naïve & ſincere réléguée au fond de l'obſcurité ; *Virtus proſtrata temporis injuriâ.*

L'Ordonnance de 1731 ne nous permet pas de nous étendre au-delà. La ſageſſe de ſa Loi ; le point de vûe de ſa déciſion nous ramenent le tems de nos Peres & nous conduiſent à cette heureuſe liberté que donnent les vrais principes & la connoiſſance des fondemens de notre Juriſprudence. J'aurois ſouhaité que *Me Sallé*, qui l'a commenté, nous eût préſenté plutôt l'étendue de l'eſprit qui l'a dicté, que ces Controverſes diſertement expliquées ſur le texte ſeul de la Loi.

L'Article 39 de cette Ordonnance, veut que la ſurvenance des enfans révoque de plein droit les donations faites même en faveur des Conjoints par leur Contrat de mariage.

Cette révocation eſt fondée ſur la Loi *Si unquam*, Loi 8. au Cod. *De rev. donat.* Elle veut cette Loi, qu'un Donateur, qui n'a point d'enfans au tems de ſa donation, ſoit reſtitué de plein droit, s'il lui ſurvient des enfans par légitime mariage (*a*). *M. Sallé* a raiſon de dire dans ſon Diſcours préliminaire ſur ce ſixiéme Titre de cette Ordonnance, qu'il lui étoit indifférent que cette Loi eût été donnée par Conſtantin & Conſtantius, ou par l'un ou l'au-

(a) *Si unquam libertis Patronus filios nos habens bona omnia, vel partem aliquam facultatum fuerit donatione lagitus, & poſteà ſuſceperit filios; totum quidquid lagitus fuerat revertatur in ejuſdem Donatoris arbitrio ac divina menſuram.*

tre ; mais il ne lui étoit pas indifférent de faire la diſſection de cette Loi, & d'en préſenter, & l'eſprit, & la force.

Cette Loi fait le fondement de l'Article 39 de l'Ordonnance de 1731, que je viens de citer ; elle a fait celle de la Juriſprudence, malgré les Arrêts que l'on oppoſe, qui ne préſentent d'ailleurs jamais nuëment la propoſition de la ſurvenance d'enfans, dégagée de toute autre circonſtance.

L'Article 43 de cette même Ordonnance, veut que jamais ces donations puiſſent revivre, quand le Donataire révoqué ſurvivroit l'enfant qui avoit donné lieu à la révocation, à moins d'un nouvel Acte de donation.

Cette diſpoſition eſt claire, & ſenſiblement juſte. Eſt-il poſſible qu'il ſe ſoit trouvé quelqu'un qui ait pu croire qu'un Acte éteint par la force de la Loi pût revivre ſans la force de cette même Loi ?

Totum quidquid lagitus fuerat revertatur, dit la Loi; qui ne parlant point de cette reviviſcence, exclut formellement toutes conſidérations. Donner lieu à une telle queſtion ! c'eſt interpréter la Loi à ſa fantaiſie ! c'eſt ſe rendre Légiſlateur ! Cet eſprit de légiſlation ſi accrédité de nos jours, eſt le fruit de cette imagination ſcientifique qui nous ſéduit.

Cet Article 43 de l'Ordonnance de 1731 a briſé pour toujours ces ſubtilités nouvelles, qui ne tendent qu'à renverſer la Loi, à rendre tout arbitraire, & à confondre les mœurs de la Nation.

Mais ce n'eſt point encore ici ma queſtion. La voici. On prétend que le Contrat de mariage qui renferme cette faculté ſi étendue de donations entre Conjoints, eſt elle-même exceptée de la révocation par ſurvenance d'enfans; toujours par cette même regle, que les Contrats de mariage ſont ſuſceptibles de toute ſorte de Clauſes ; c'eſt-à-dire, tranchons le mot, affranchies de toute regle & de toute Loi. Il faut cependant ajouter, pourvû qu'elles ſoient conformes aux bonnes mœurs & aux Loix. Mais les conſidérations actuelles rendent valables tout ce qui eſt même contraire aux bonnes mœurs & aux Loix. Comment diſtinguer cette conformité? J'ai donc raiſon de dire que ces Clauſes ſont affranchies de toutes regles & de toutes Loix.

Voyons à ce ſujet ce que dit la même Ordonnance, Art. 46. *N'entendons comprendre dans les diſpoſitions de la préſente Ordonnance, ce qui concerne les dons mutuels, & autres donations faites entre mari & femme, autrement que par le Contrat de mariage... A l'égard de toutes leſquelles donations il ne ſera rien innové, juſqu'à ce qu'il en ait été autrement par nous pourvû.*

Il n'y a donc aucune Loi qui fixe les Donations contractuelles faites entre Conjoints sur la révocation de ces donations par la survenance des enfans. Mais cette Ordonnance défend à cet égard toute innovation. Examinons la Jurisprudence qui nous doit tenir lieu de Loi, puisqu'il lui est défendu d'innover.

Me Sallé nous décide admirablement bien sur cet Article. » Il n'y a jamais eu, « dit-il dans son Commentaire sur cet Article, » qu'un avis pour décider, que quoique les enfans » qui naissent après le don mutuel le rompent *ipso facto*; cependant si ces enfans prédécédent leurs pere & mere, le » don mutuel rentre dans sa force, sans une nouvelle stipulation; parce que l'Article 290 » de la Coutume de Paris n'exige autre chose, si ce n'est » qu'il n'y ait point d'enfans vi-

» vans, lors de l'ouverture du » don mutuel.

Si *Me Sallé* eut percé plus avant, il auroit vû que le don mutuel n'eſt point une donation; mais un ſimple avantage. Avantage qui n'a aucune relation avec la donation! Avantage mal-à-propos confondu avec la donation. C'eſt ce que j'ai prouvé; je n'y reviens plus. Or, l'avantage ne ſaiſiſſant qu'à la mort du prédécédé, ne donne aucun droit pendant la vie des Conjoints. Or, la ſurvenance d'enfans ne rompt point le droit du Survivant; puiſqu'il n'en a encore aucun. Voilà pourquoi, d'une part, la ſurvenance d'enfans ne fait aucun tort au Donataire, & ne nuit point au don mutuel; & voilà pourquoi la mort de ces mêmes enfans, avant l'ouverture de l'avantage, remet le don mutuel en vigueur; parce que cette ſurvenance n'a rien enlevé au préjudice du Survivant des Conjoints. Tel eſt l'eſprit de la Coutume que l'expreſſion du texte nous ſignifie. Car comme il eſt de principe, qu'un Acte éteint par la force de la Loi, ne peut jamais revivre; il eſt auſſi, en conſéquence de ce principe, que l'Article 43 veut que l'on faſſe un autre Acte de donation; c'eſt-à-dire que l'on la recommence ſur nouveaux frais.

Or, ſi le don mutuel & contractuel étoit réellement une donation; il ſeroit également compris dans la rigueur de la Loi; parce que l'Acte une fois éteint, ne peut plus revivre.

On doit faire application de ce principe, au ſujet des Donations mutuelles que la Juriſprudence tolere, lorſqu'elles n'ont que l'uſufruit pour point de vûe.

Mais ſi ces donations ſont réelles; la Loi de la révocation doit avoir ſa pleine & entiere exécution.

tion. Cependant, dit-on, il y a des Arrêts qui confirment la validité de ces Donations en propriété, ou Donations réelles. La Juriſprudence a, ſans doute, prétendu que ces donations, étant, & mutuelles, & ſimplement avantages, qui ne ſaiſiſſent qu'à la mort du prédécédé, elle ne pouvoit point les confondre avec les Donations perſonnelles, ou *mera donatio.* C'eût été en effet ſe contredire; puiſqu'elle tolere ces donations comme avantages. Une telle tolerance, admiſe ſur ce principe, doit être admiſe dans toutes les ſuites que peuvent avoir ces Donations-avantages. Peut-être un jour que cette tolerance pourra ceſſer. J'ai prouvé que ces Donations-avantages étoient impoſſibles, par le défaut intrinſéque de pouvoir ſubir la rigueur des formalités auſquelles la Juriſprudence les a aſſervi. C'eſt donc entrer dans ſes vûes d'une prochaine ruine, que d'admettre leur réelle défectuosité.

Mais quant aux Donations réelles personnelles, qui saisissent le Donataire, & dépouillent le Donateur conjoints; je dis & soutiens affirmativement, qu'elles sont révoquées de plein droit par la survenance d'enfans. 1°. L'Article 46 de l'Ordonnance de 1731 que je viens de citer, ne comprend point ces Donations; mais seulement les mutuelles, ou les avantages. *N'entendons comprendre dans les dispositions de la présente Ordonnance, ce qui concerne les* dons mutuels, *& autres donations faites entre mari & femme.* Cette conjonction *entre mari & femme*, ne donne à entendre qu'une Donation mutuelle ; & non une Donation *mera donatio*, d'un Conjoint en faveur de l'autre. Eh! pourquoi s'exprime-t'elle ainsi cette Ordonnance ? C'est qu'il n'y a aucune Loi qui permette ces Donations réelles, & qu'il y en a qui permettent ce don mutuel; d'où ſont dérivées les autres donations mutuelles, ou avantages mutuels.

2°. C'eſt qu'il n'y a nul doute de penſer qu'une Donation réelle ne ſoit rompue par la ſurvenance d'enfans; tout le monde en convient! Cela étant, ma cauſe eſt gagnée. Et pourquoi? C'eſt qu'un Acte éteint par la force de la Loi, ne peut plus revivre.

3°. C'eſt que ſi cette Donation pouvoit revivre à la mort des enfans; ce ſeroit en vertu, où d'un nouvel Acte, ou d'une Loi qui l'autoriſeroit. Or, 1°. un nouvel Acte ſeroit un Acte nul; puiſque conſtant le mariage, les Conjoints ne peuvent *s'avantager, ni directement, ni indirectement*, ſuivant l'Article 282 de la Coutume de Paris; excepté ſeulement en don mutuel, ſuivant le précédent Article 280. 2°. Il n'y a aucune Loi qui ordonne cette révivifcence. Au contraire la Loi y eft formellement contraire ; puifque défendant aux Conjoints de s'avantager , elle ne peut pas elle-même leur donner des moyens de le faire, & fuppléer à l'incapacité à laquelle elle les réduit. Une telle Loi feroit même dérifoire ; puifque cette révivifcence légale feroit un nouveau Contrat ; & que ce Contrat, prohibé en lui-même , ne peut être fuppléé. La révivifcence d'un Acte eft une nouvelle création ; puifque la révivifcence fuppofe un Acte éteint : de même que la refurrection eft une nouvelle création ; puifqu'elle fuppofe un homme mort ; & l'homme mort, eft un homme qui n'exifte plus.

Mais, dira-t-on, la Jurifprudence les autorife ces revivifcences. Cela eft bien-tôt dit. Pourroit-elle les autorifer, cette Jurifprudence ? Elle, à laquelle on arrache ſon conſentement, pour les rendre valables par le Contrat de mariage, plutôt qu'elle ne les tolere ; ainſi que je l'ai fait voir.

Si cependant l'eſprit de la Juriſprudence eſt tel ! Il faut me le juſtifier par des Jugemens, & me le prouver par des déciſions ; qui ſoient, & uniformes, & dégagées de toutes circonſtances étrangeres à la queſtion d'une Donation réelle. Je ſçais bien que la Juriſprudence admet la réviviſcence des Donations mutuelles, ou avantages mutuels ; parce qu'elles ne ſaiſiſſent le Donataire, qu'à l'événement de la condition ; & qu'elles ſont réciproques. Mais dans le cas d'une Donation réelle & perſonnelle ! Je dis, qu'une telle déciſion de réviviſcence, eſt impoſſible. Je dis encore affirmativement, (quand même on m'en montreroit de telles) ou que le Magiſtrat a été ſurpris, ou qu'il a eu égard à des conſidérations particulieres, que je ne ceſſerai de reſpecter, en repréſentant ſans ceſſe; que de ces conſidérations, dont on ſe veut cacher la juſtice & l'équité, on prend prétexte de s'en autoriſer, pour ſoutenir des abus intolérables. Abus, qui, indiſcrétement rejettés ſur la Juriſprudence, donnent lieu au Barreau d'errer à l'aventure; de façon, que, porté par état à l'étude des Loix, il s'en dégoûte bientôt, par le renverſement que ces conſidérations, quelquefois fréquentes, cauſent à la Loi même; de ſorte que ces conſidérations de la Juriſprudence, gênent le Juriſconſulte; le portent ſouvent à l'arbitraire, & le détournent toujours du véritable plan de ſes études.

Si la révocation de la donation faite par Contrat de mariage, eſt une Loi invariable entre Conjoints qui contractent en majorité ; à combien plus forte raiſon, la ſurvenance d'enfans doit-elle rompre une donation contractuelle, faite par un Conjoint mineur, en faveur d'un majeur ; comme dans l'eſpece de l'Affaire que je viens de rapporter. Les Sieur & Dame de B.... ont eu une fille de leur mariage, qui eſt morte, ſans enfans, avant la mere : cette donation ; ſi elle eut pu valoir d'ailleurs, ſeroit donc éteinte à tous égards.

J'AI CRU rendre ſervice au Patriote, en l'éclairant ſur un Acte ſi familier, dont peut-être il n'a jamais eu connoiſſance, que par l'uſage & les formalités. Qu'il ſe reſſouvienne à préſent, que la Coutume eſt le Contrat général des mariages de la Nation qu'elle régit ; que, conſéquemment, un Contrat particulier eſt tout-à-fait inutile. Je le prie, pour ſon propre intérêt, de ne jamais oublier que ce Contrat particulier eſt nouveau dans nos mœurs ; que le changement de fortune du Citoyen a enfanté ſon origine. Le Douaire préfix ; les excluſions de communauté ; les préciputs, ont été ſes premieres Clauſes, & les premiers piéges d'un mari, qui, par le Douaire préfix, a rendu ſes biens libres, en diminuant le fond du Douaire ; &, ſous le prétexte des avantages, il s'eſt mis au même niveau de la femme. Qu'il ſe ſouvienne, que l'innovation des Donations mutuelles des propres des Conjoints, a été un article ajouté à la Donation mutuelle portée par la Coutume, dont le don mutuel tient la place. Que la cupidité a donné l'eſſor aux Donations - avantages de propriété. Que la maxime que les Clauſes indéfinies & contractuelles, dont on rend les Contrats de mariage ſuſceptibles, n'ont eu d'autre but, que d'admettre les

Donations réelles, ou les Donations de propriété ; Clauses contraires aux bonnes mœurs & aux Loix. Et qu'enfin cette étendue de corruption de mœurs, est la cause efficiente de ces prétendus usages de faculté indéfinie, accordée même aux mineurs dans un âge, ou à peine ils ont connoissance de leur existence.

Mais, en même tems, je prie le Lecteur de ne pas confondre la sagesse de la Jurisprudence avec ces prétendus usages. Cette mere commune tolere un usage, mais ne l'approuve jamais. Elle tente sans cesse à réduire ces usages à un assujettissement de formalités severes, qui en rendent le cours comme impossible. Enfin, qu'à tous événemens, elle n'admettra jamais les mineurs dans le torrent d'un pareil usage, qu'elle réprouve par sa conduite. Soyons même persuadés qu'elle l'anéantira, sitôt que la prudence de ses vûes l'exigera. A tous égards, je prie le Citoyen d'envisager l'union du mariage, comme une union sacrée à tous égards; d'avoir en horreur ces unions de trafic & d'intérêt; de faire fleurir la Patrie par cette grandeur d'ame prudemment désintéressée, & toujours conforme à cette Religion, dont nous nous faisons honneur de professer les maximes; & d'être persuadé, que nos Loix Civiles, n'étant qu'une émanation de celle de la Divinité; elles n'ont d'autre but, que de les perpétuer, & de régner elles-mêmes avec elles, & dans elles-mêmes.

Ce sont de tels principes que je me suis proposé dans la Dissertation que l'on m'a prié d'ajoûter sur les Clauses contractuelles. Je ne prétens rien enlever à la Jurisprudence. Je la respecte d'autant plus, que j'en connois le véritable esprit. Dès que ces Clauſes ſeront conformes à ſes diſpoſitions, elles ſeront valides. Mais, auſſi, elles éprouveront ſa rigueur, dès qu'elles ſortiront des bornes que cette même Juriſprudence leur a preſcrit.

Ce ſentiment ne m'eſt pas perſonnel ; Me Argou, dont le plan n'étoit point de s'étendre, a fait ces mêmes réflexions. Je ne puis m'empêcher, en finiſſant, de rapporter le texte d'un ſi excellent Auteur.

» Quoique la plupart des Cou-
» tumes défendent au mari & à
» la femme de s'avantager, direc-
» tement, ou indirectement, du-
» rant le mariage ; elles leur
» permettent, preſque toutes, de
» ſe faire un don mutuel, pour-
» vû qu'il n'y ait point d'en-
» fans, ni de ce mariage, ni
» d'autres précédens. Les Cou-
» tumes n'ont point voulu dé-
» fendre cet *avantage* ; parce qu'il
» *eſt égal & réciproque* de part

» & d'autre ; *qu'il dépend d'un* » *événement incertain ;* & que les » héritiers collatéraux du pré- » décédé n'ont pas sujet de se » plaindre, que leur parent ait » laissé au survivant la jouissance » d'un bien qui avoit été acquis » en commun, & où tous les » deux Conjoints avoient contri- » bué ; l'un par son travail & » son industrie ; & l'autre par » son économie. (*a*)

Et quant aux Donations réelles & contractuelles ; voici ce que dit cet Auteur. » Les deux Con- » joints ont la liberté de se don- » ner tout ce qu'ils veulent par » le Contrat de mariage ; ce qui » s'entend néanmoins *jusqu'à la* » *concurrence de ce que la Coutume,* » *où les biens sont situés, permet de* » *donner entre-vifs* (*b*).... « Et » quant à la nature de ces dona-

(*a*) Me Aigou, Institut. au Droit François, liv. 3. chap. 12. du Don mutuel. page 220.

(*b*) Ibid. chap. 14. page 154.

» tions contractuelles, *elles sont* » *de même nature que les autres do*» *nations* (c). « Comment concilier la faculté indéfinie du mineur avec celle du majeur, & faire prévaloir l'usage contre l'Art. 252 & 280 de la Coutume de Paris.

Que l'on me permette d'ajouter encore la sage réfléxion de M. Domat sur l'esprit de ces Donations contractuelles, au Titre 10. des Donations entre-vifs. » L'union si étroite du mari & de » la femme, étant une occasion » d'exercer entr'eux des libéra» lités, selon leur affection & » leurs biens; l'usage de ces sor» tes de donations fut suivi de si » grands inconvéniens, qu'il fut » aboli dans le Droit Romain. » Car on reconnut, que la facili» té, ou du mari, ou de la femme » en dépouilloit l'un, pour enri» chir l'autre; que l'application

(c) Ibid. page 221.

» du plus intéressé à s'attirer la » libéralité de l'autre, l'engageoit » à des soins & à des vûes oppo- » sées aux devoirs de l'éducation » des enfans, ou qui l'en dé- » tournoit ; que l'un résistant » aux désirs de l'autre, & ne » donnant point, ils se divi- » soient ; & on jugea, enfin, que » l'amour conjugal devoit subsis- » ter, & s'entretenir plus hon- » nêtement, que par l'intérêt. « Croit-on éluder la force de ces Loix, par un Contrat de mariage, qui entraîne avec lui le même désordre, que ces donations qui se faisoient *constant le mariage*. N'est-ce pas, au contraire, y contredire ouvertement, que d'avoir substitué un Acte antérieur au mariage, contraire au Contrat général de la Nation; & avoir rendu la Loi, impuissante, sans effet & sans autorité, par la force de prétendus usages qu'on ose lui opposer ?

FIN.

TABLE ALPHABETIQUE DES MATIERES

De la seconde & troisiéme Parties du Douaire, contenues dans le 4me Volume.

A.

Auteurs

D.

E.

F.

G.

H.

I.

L.

M.

p. 195. Leur origine, *ibid.* & *suiv.* Leur exemption des droits des simples Citoyens. Le lustre de ces exemptions, *ibid.* La taille & le logement de gens de guerre rendent ces Offices méprisables, quand on y assujettit ces Officiers. Combien cette conduite est contraire à la dignité de ces Offices, *ibid.* Les Intendans des Provinces gardent le silence à cet égard, *p.* 196. Ne veulent rendre aucun compte à ce sujet, *ibid.* Pertes réelles envers le Roi que cette conduite occasionne, *ibid.* Exemples sur la Ville de Sens. Quels sont les Officiers du Siége de cette Ville, & quels ils étoient, *p.* 197 & *suiv.* Ce que ces Officiers doivent payer au Roi relativement à ces Offices, & ce qu'ils ne lui payent pas relativement à la conduite des Intendans, *p.* 199. Avilir ces Offices; c'est avilir la plus précieuse prérogative de la Couronne, *p* 200. Vénalité des Offices de Maire. Ce que c'est. Cette vénalité renvoyée au Citoyen, *p.* 201. Le Citoyen la renvoye à l'Etranger, & pourquoi? *ibid.* Le tort que fait cette transmission. Qui sont ceux qui achetent de ces sortes d'Offices dans quelques Villes du Royaume, *p.* 202. L'injustice & la vexation de ces

P.

R.

V.

Fin de la Table des Matieres contenües dans le précédent Volume.

TABLE ALPHABETIQUE DES MATIERES

contenues dans ce 5me Volume.

A.

C.

F.

I.

T.

V.

Fin de la Table des Matieres du présent Volume.

FAUTES A CORRIGER.

Page 427, Section V, *lisez* Section III.

Page 481, *lig.* 18, n'ont nullement besoin, *lisez* n'avoient nullement besoin.

Page 504, *lig.* 14, en celui, *lisez* en celle.

Page 551, *au Titre, dernier mot*, générale, *ôtez l'e.*

Page 594 *à la Note, lig.* 3, *dernier mot*, filios, *lisez* liberos. *ligne derniere*, divina mensurum, *lisez* dictione mansurum.

De l'Imprimerie de la Veuve THIBOUST.

www.ingramcontent.com/pod-product-compliance
Lightning Source LLC
LaVergne TN
LVHW011947220826
846092LV00001B/109

* 9 7 8 2 3 2 9 4 4 5 0 6 9 *